［決定版］
はじめての
管理会計
&
戦略会計

公認会計士
高田直芳

PHP

はじめに

　私が初めて書籍を世に送り出したのは、21世紀に入って間もない2001年でした。そのときから数えて本書は21冊目（論文を含みます）。平均すれば、年にほぼ1冊のペースで出版してきたことになります。
　そのすべてにおいて「管理会計」をメインテーマとしてきました。既刊のタイトルには、経営分析・原価計算・ファイナンスなどがありますが、基本的なスタンスは管理会計にあります。その視点に立って、他の分野へ斬り込む書籍を執筆してきました。
　2009年から2013年までは公認会計士試験委員（原価計算・管理会計を担当）を務め、専門分野を深く研究する機会にも恵まれました。

　しかし、20冊もの書籍を手掛けていながら、常に物足りなさを感じていました。管理会計という難解な世界を、もっと平易に、特に若い人たちに向けて説明できないだろうかと。
　2004年に出版した既刊書『［決定版］ほんとうにわかる管理会計＆戦略会計』では、各章各節の冒頭に、古今東西の名言名句を引用し、多少の遊びを試みました。現在でも増刷を続ける「お化け本」ですが、それでも専門外の人たちにとっては難しいようです。
　ライトノベルのようなタッチで、管理会計を語れないものか。そう思い立ったのが十年以上も前。爾来、古典落語を聞きまくり、ライトノベルやミステリー小説などを読みあさり、そうしてできあがったのがこの21冊目になります。

　本書では、登場人物としてヨシツネ主従と水戸黄門一行にご出馬を願いました。不思議なもので、最初にキャラクターを設定すると、その後は彼ら（彼女ら）が、管理会計の世界を縦横無尽に動き回ってくれました。
　彼らの後をついていけば、いままで管理会計の世界に足を踏み入れたことがない人でも、楽しんでもらえるはず。これを端緒に「お化け本」にも手を

伸ばしてもらえるならば、著者としてこれほど嬉しいことはありません。

　21世紀初頭から始めた「遙かなる管理会計の旅路」も、南北朝時代の傑作・
二条河原落書をパロディ化した最終話（本書第37話を参照）で、一段落と
なります。
　舞台も役者も揃えました。それでは、独断と偏見に毒舌とユーモアを交え
た「アカウンティング・エンターテインメント」の幕を上げることにしまし
ょう。

　　　　　　　　　　　　　　　　　　　　　　　　　2019年9月
　　　　　　　　　　　　　　　　　　　　　　税　理　士　高　田　直　芳
　　　　　　　　　　　　　　　　　　　　　　公認会計士

［決定版］はじめての管理会計＆戦略会計　目次

はじめに ………………………………………………………………………… 3

第一幕　そこのけ、そこのけ、管理会計が罷り通る ……… 19

第1話　セーラー服の美少女スーパー高校生登場 …………… 20
- ☞ リストラ費用が20倍ですって！　天下の一大事だわ!! ……… 20
- ☞ 海図なき航海に、帆を張れ、碇を上げよ ……………………… 21
- ☞ 別室で補足説明を　〜M&Aとリストラと減損〜 ……………… 23

第2話　御曹司と愉快な仲間たち ……………………………… 24
- ☞ ヨシツネ郎党、参上す ………………………………………… 24
- ☞ 貸借対照表を十字軍遠征で持ち帰る ………………………… 25
- ☞ コロンブスの卵からベルサイユ宮殿が生まれた …………… 26
- ☞ Ｔ勘定ではなく、丁字路を右へ曲がれ ……………………… 27
- ☞ 産業革命と帝国主義の時代に決算書の様式が整う ………… 29
- ☞ 借方や貸方は殿方トイレと同じ ……………………………… 30
- ☞ 損益計算書は2つの利益に注目する ………………………… 30
- ☞ 損益計算書にフリーランチはない …………………………… 31

第3話　管理会計を学んでほしい人たちがいる ……………… 33
- ☞ 会計わらべの管理会計 ………………………………………… 33
- ☞ 社長の周辺にいる人たちへ …………………………………… 33
- ☞ 管理会計は「なぜ」を問うことにある ……………………… 34

第4話　オカミが口出しするから話がこじれる ……………… 35
- ☞ 株主などに役立つ情報をディスる制度 ……………………… 35
- ☞ 人はそれをガープと呼ぶ ……………………………………… 35
- ☞ 東芝事件と日産自動車事件 …………………………………… 36
- ☞ 客に尻を向けて仕事をするな ………………………………… 37
- ☞ ノン・ガープもある …………………………………………… 37
- ☞ 経営指標は、矢印の始点を分母とするが吉 ………………… 38
- ☞ 貸借対照表にまとわりつく経営指標　しっしっ！ ………… 39
- ☞ 小学生が理不尽なものと考える分数計算 …………………… 40

第5話　ROEとROA　両雄並び立たず …………………………… 42
- ☞ オカミの仰せのままに、ひれ伏す経営指標 ………………… 42
- ☞ 頭を下げる相手を間違えていた ……………………………… 43

- ☞ コロンブスからデュポン方式まで ……………………………………… 43
- ☞ 総資本と月平均売上高を転がせ ………………………………………… 44
- ☞ ROEを向上させるための3つの経営戦略 ……………………………… 45
- ☞ ブルーオーシャンを航海できる企業は少ない ………………………… 46
- ☞ 製造業の売上高利益率が高い理由 ……………………………………… 46
- ☞ 都心のホテルの宿泊代やコーヒー代は、なぜ高いのか ……… 47
- ☞ 中小零細企業に明日はない ……………………………………………… 47

第二幕　このごろ都で流行る管理会計 …………………………… 49

第6話　M&Aは「時間を買う」ビジネス ……………………………… 50
- ☞ 腹巻きから40インチ大画面を取り出す男 …………………………… 50
- ☞ 時間と運賃は比較できるのか …………………………………………… 51
- ☞ どんなに分厚い壁であっても、四大原理はすり抜ける ……… 52
- ☞ 企業は営利を追求する生きものである ………………………………… 52
- ☞ 「お得感」とは何か ……………………………………………………… 53
- ☞ 【第一原理】ビジネスはトレードオフに直面する ………………… 53
- ☞ 東京から博多へ向かう時間とカネ ……………………………………… 54

第7話　時間だけでなくストレスも二者択一になる ………………… 56
- ☞ ローンが得か、リースが得か …………………………………………… 56
- ☞ 元利均等返済と元金均等返済 …………………………………………… 57
- ☞ 高級外車は貧者のセレブ感をくすぐる ………………………………… 57
- ☞ 金融資本主義が格差社会を生む ………………………………………… 58
- ☞ 営業部や製造部はあっても「経営部」というのはない ……… 58
- ☞ 節税保険とバレンタイン・ショック …………………………………… 59
- ☞ あらゆる選択肢を同時にスカッと解決する方法 ……………………… 60

第8話　会社法や法人税法には、愛がない ……………………………… 62
- ☞ それでも愛を語る二人 …………………………………………………… 62
- ☞ 鼻の下を伸ばす男 ………………………………………………………… 62
- ☞ ビミョ〜な択一問題 ……………………………………………………… 64
- ☞ 「お得感」があるのは、どっち？ ……………………………………… 64
- ☞ 埋没費用は「もったいない」の思想の表われ ……………………… 66
- ☞ 当期純利益を機会費用と呼ぶ不思議 …………………………………… 66
- ☞ 会計に「勘定」はあっても「感情」はない ………………………… 67

- ☞ 逸失利益（得べかりし利益）と損害賠償 …………… 68
- ☞ もう一つの埋没費用 ……………………………………… 69

第9話 「経済学の利潤」と「会計の利益」は違うの？ …… 70
- ☞ 右手の人差し指をアゴにあてる男 ……………………… 70
- ☞ 管理会計は学際的研究の賜物 …………………………… 70
- ☞ 「損したなぁ」「得したなぁ」を分ける基準 ………… 71
- ☞ 数百年先の近未来小説 …………………………………… 72
- ☞ スマートフォン搭載の超小型原子炉 …………………… 73
- ☞ 管理会計や経済学が抱える弱点 ………………………… 74
- ☞ 実証が不可能なものを「一般的な目安」で誤魔化す ………… 75
- ☞ 一犬虚に吠ゆれば万犬実を伝う ………………………… 76

第10話 ROEやROAに一般的な目安はあるのか …………… 77
- ☞ 推理小説はここで伏線を回収する ……………………… 77
- ☞ デュポン方式を再び ……………………………………… 78
- ☞ 知能テストで頭を抱える男 ……………………………… 78
- ☞ 二番手では駄目なんです ………………………………… 80
- ☞ キーワードは資金力 ……………………………………… 80
- ☞ 自動車業界や電機業界は、ダメ産業なのか …………… 81
- ☞ リスクを取りにいくか、シッポを巻いて逃げるか ……… 82
- ☞ ROEだ、御用改メである ………………………………… 82
- ☞ 別室で補足説明を　〜インサイダー情報と風説の流布〜 …… 83

第三幕 売上高とコストと利益の三角関係 …………… 85

第11話 損益分岐点（CVP分析）事始め …………………… 86
- ☞ 血の気の多い男 …………………………………………… 86
- ☞ 単純なものこそ美しい …………………………………… 86
- ☞ 売上高を基準に変動費と固定費に分解する …………… 87
- ☞ 固変分解には2種類ある ………………………………… 88
- ☞ 固変分解は会計不正の温床 ……………………………… 89
- ☞ 管理会計用の不思議な損益計算書 ……………………… 89
- ☞ 売上高がゼロであれば変動費と限界利益もゼロになる …… 90
- ☞ 当期純利益を九九で計算する男 ………………………… 91
- ☞ 赤字から黒字へ転換すると明日が見える ……………… 92

第12話	損益分岐点を視覚的に理解する方法 …………………… 93

- 正方形の中で浮かび上がるもの ………………………………… 93
- 中空に浮かぶ損益分岐点 ………………………………………… 93
- 作図の妙で目が点になる ………………………………………… 94
- 一つ覚えの損益分岐点分析 ……………………………………… 95
- 管理会計は大正デモクラシーから進歩していない ………… 96
- 別室で補足説明を 〜損益分岐点売上高の求めかた〜 ……… 96

第13話	管理会計が紡ぐ、ブラックユーモアの世界 …………… 98

- 舌切り雀の悲しい物語に、泣けちゃうわ ……………………… 98
- キチノスケさんは、よく勉強している ………………………… 99
- キチノスケさんの損益分岐点売上高 …………………………… 100
- イチゾーどんの損益分岐点売上高 ……………………………… 101
- 民のために働くと収益力が高い ………………………………… 103
- お国のために働くと損をする …………………………………… 104
- ビジネスは結果がすべて ………………………………………… 105
- 制約条件の有無が天下国家の命運を決する …………………… 107
- 固定費を回収するって、何？ …………………………………… 108
- 誰が最後に笑ったか ……………………………………………… 109

第四幕 次は、固定費と変動費と利益の三角関係 ……… 111

第14話	固定費型ビジネスと変動費型ビジネス ………………… 112

- 話はどんどん先へ進む …………………………………………… 112
- コンビニエンスストアが24時間営業を行なう理由………… 113
- 人手不足は別の問題 ……………………………………………… 114
- 製造業の固定費と、流通業の固定費の違い …………………… 114
- トイレの個室にまで貼られる「固定費削減」………………… 114
- 固定費の変動費化と、変動費の固定費化 ……………………… 115
- 節税対策で埋没する固定費 ……………………………………… 116
- 固定費削減でニュートロン・ジャックが炸裂す ……………… 116
- 理論を歪曲する人たちがいる …………………………………… 118
- 変動費化の失敗 …………………………………………………… 119

第15話	限界利益の正体見たり、付加価値のはなし …………… 120

- 付加価値には2通りのアプローチがある ……………………… 120

- ☞ あとが楽しみな控除方式と加算方式 …………………… 121
- ☞ 利益に固定費を加えるか、売上高から変動費を引くか ……… 121
- ☞ 同床異夢の EBITDA ………………………………… 123
- ☞ ノン・ガープ再登場 ………………………………… 124
- ☞ 付加価値の低下はやむを得ない？ ………………………… 124
- ☞ ショウルイ憐れみの令で付加価値向上を目指す ……………… 126

第16話 付加価値から生産性への展開 …………………… 128
- ☞ 流通業は、なぜ、プライベート・ブランドに注力するのか … 128
- ☞ 流通業と製造業では付加価値の捉えかたが違う ……………… 128
- ☞ 付加価値の向上に風味を与える方法 …………………… 129
- ☞ 人工知能の生産性は無限大？ ………………………… 130
- ☞ ヒトの生産性は、管理のための管理に陥る ………………… 130
- ☞ 付加価値や生産性を安易に語るなかれ ………………… 131

第17話 ブラック企業にフリーライダーが群がる ……………… 133
- ☞ 人事キラーと会計退屈男との会話 ………………………… 133
- ☞ インセンティブに着目した給与体系 ………………………… 134
- ☞ 固定人件費型とフリーライダー ………………………… 134
- ☞ 変動人件費型とモラルハザード ………………………… 135
- ☞ モラルハザードは内引きを誘引する ………………………… 136
- ☞ 一見さんお断りのマーケティング戦略 ………………………… 137
- ☞ 人事キラーも思案のしどころ ………………………… 138
- ☞ 固定残業制とブラック企業 ………………………… 139

第18話 業績の上方修正や下方修正が起きる理由 …………… 140
- ☞ 氷の微笑を口元に浮かべる女 ………………………… 140
- ☞ ニュートロン・ジャックの爆発 ………………………… 141
- ☞ 売上高と営業利益の増減率が異なる理由 ………………… 141
- ☞ 営業利益の弾力係数 ………………………………… 143
- ☞ 悋気は女の甲斐性なり ……………………………… 145
- ☞ 別室で補足説明を 〜 GAFA はどこにいるのか〜 ……… 146

第五幕 管理会計が企業実務で役立たない理由 ……… 149

第19話 損益分岐点分析が抱える恐ろしい命題 ……………… 150
- ☞ 用法・用量を正しく守らないと柴犬に笑われる ……………… 150

- ☞ 収穫逓減や費用逓増は、どこへ消えた？ ………………… 151
- ☞ 経済学にも損益分岐点は存在する ………………… 152
- ☞ 売上値引きは「あってはならないビジネスモデル」………… 153
- ☞ 増収減益や減収増益は、あってはならない ………… 154
- ☞ 人が余れば即時解雇できるのか ………………… 154
- ☞ 営業マン潰しというボトルネック ………………… 155

第20話 米国発のGAFAに翻弄される ……………… 157
- ☞ 管理会計は、増収減益や減収増益を説明できない …… 157
- ☞ 通説を疑え …………………………………………… 157
- ☞ イオンやセブン＆アイHDは露天商か ………………… 158
- ☞ フィジカル型のニッポン企業 ………………………… 159
- ☞ サイバー型のGAFA ………………………………… 160
- ☞ スーパー伊達騒動の後始末 ………………………… 160

第21話 社会人1年生にお勧めする経済学書 ………… 162
- ☞ 経済学は「なぜ」を問う ……………………………… 162
- ☞ ノーベル経済学賞受賞者の放言 …………………… 162
- ☞ なんで？ なんで？ ………………………………… 163

第六幕 管理会計の矛盾を経済学がバックアップ ……… 165

第22話 管理会計はなぜ、経済学から見下されるのか ……… 166
- ☞ 新宿二丁目で鼻毛を抜かれた男 …………………… 166
- ☞ 道路標識は平均か、それとも限界か ………………… 167
- ☞ 限界費用と限界収入、いっぱい、いっぱい ………… 167
- ☞ 管理会計はシャツの第一ボタンを掛け違えた ……… 169

第23話 最高利益と最大利益を混同するな ……………… 170
- ☞ 経済学で有名な利潤最大化条件 …………………… 170
- ☞ 逓増する限界費用 …………………………………… 171
- ☞ 利益なき繁忙と、減収増益の正体 …………………… 171
- ☞ 利潤を最大化する条件は何か ……………………… 172
- ☞ 最高益を自慢するのは努力不足を隠すため ………… 173
- ☞ 缶切りがないのに、缶を開けようとする経済学 ……… 173
- ☞ 企業実務に役立つことを想定していない学問体系 … 174

第24話 量産効果は無限に働くって本当なの？ ……………… 176
- なぜ、量産効果が現われるのか ………………………… 176
- 経済学は、量産効果には底があることを主張する ……………… 177
- 量産効果を作図する ………………………………… 178
- 量産効果と減産効果が出合う場所 …………………… 179
- 管理会計は「量産効果の底」を説明できるのか ……………… 180
- 企業は、ツマ楊枝だけを作っていればいい …………… 181
- 繁忙期は善なのか、閑散期は悪なのか ……………………… 182

第25話 管理会計の革新を目指して ……………………… 183
- 異変はリーマン・ショック以降に起きた ………………… 183
- 現場で汗と油にまみれて気がつく事実 ……………………… 183
- 企業活動や経済活動は、複利計算構造を内蔵する ……… 185
- ROEの分子は、なぜ、当期純利益に限定されるのか ………… 185

第26話 コスト削減と付加価値向上が共倒れする理由 ……… 187
- リケジョブームに思うところがある理系女子 …………… 187
- 化粧をして、ムサコを歩いてはいけない ………………… 187
- トイレの個室の壁を叩け ……………………………… 188
- カイゼン活動やコスト削減活動が徒労に帰す ………… 189
- 需要と供給は、コスト削減活動の目標ではない ……………… 191
- 働けど働けど、中小企業のくらし楽にならざり ……………… 191
- コスト削減活動と利潤最大化は仲が悪い ………………… 192
- コスト削減活動は、自ら操業度不足を生む ……………… 193
- プリンセスの背中を見送りながら ………………………… 193
- ここにも現われた「利益なき繁忙」……………………… 194
- 工場内を走るべからず ………………………………… 195

第七幕 税や企業価値に翻弄される人々 ……………… 197

第27話 税が、おいで、おいでと手招きする ……………… 198
- 一点突破・全面展開を試みる ………………………… 198
- "give and take"の原則が成り立たない例外 ……………… 198
- 法定実効税率の求めかた ……………………………… 199
- 実際の実効税率は一致しない ………………………… 200
- 税は一方的なtakenだけでなく一方的なgivenもある ……… 200

- 第28話 加重平均資本コストが牙をむく …………………… 202
  - 資本コストに、税が加重される恐ろしさ ………………… 202
  - 配当率と配当性向を履き違えるな ………………………… 203
  - あいつと同じ土俵で闘わせてくれ ………………………… 204
  - 二番手商法とモルモット企業 ……………………………… 204
  - WACCを計算するのは九九より易しい ………………… 205
  - 世界観を統一して明日のニッポンを見つめよう ………… 206
  - 舌切り雀の教訓を忘れるな ………………………………… 207
  - WACCを背負ってハードルを超えろ …………………… 207
- 第29話 借金を減らすと企業価値は増えるのか ……………… 209
  - 時価総額が最大となった上場企業は存在しない ………… 209
  - 企業価値が最大になるところを探せ ……………………… 209
  - 法人税がない、夢の世界 …………………………………… 210
  - 法人税がある場合は世界観を統一せよ …………………… 210
  - ちょうどいい塩梅がある …………………………………… 211
  - 実証できない資本構成問題に明日はあるのか …………… 213
  - ライバルの婚約発表に欣喜雀躍する女 …………………… 213

第八幕 キャッシュフローから戦術会計への展開 ……… 215

- 第30話 勘定が合っているのに、カネがない ………………… 216
  - キャッシュフローの伏魔殿を突き抜けろ ………………… 216
  - 仮想通貨はキャッシュにあらず …………………………… 216
  - 減価償却は税と並んでワンツーフィニッシュ …………… 217
  - 減価償却マジックの種明かし ……………………………… 218
  - 減価償却はそれほど古くない制度 ………………………… 219
  - 減価償却費はキャッシュのアウトか、インなのか ……… 219
  - EBITDAの宿題を片付けろ ……………………………… 220
- 第31話 戦術会計は収支の差額に秘密あり …………………… 222
  - あれか、これかを問うことを差額収支分析という ……… 222
  - 差額収支分析の手順 ………………………………………… 222
  - 10万個のまんじゅうを、たいらげる男 ………………… 223
  - わいわい、がやがやの結論 ………………………………… 224
  - 不作為の現状維持案を見落とすな ………………………… 225

- 第32話 外製が得か、自製が得か ………………………………… 227
  - ☞ カミサンが昼まで寝てる男 ………………………………… 227
  - ☞ 差額収支分析では埋没費用の見極めが大事 ………………… 228
  - ☞ 差額収支分析の勘どころ …………………………………… 229
  - ☞ お得感があっても断わる場合がある ……………………… 230
  - ☞ 機会損失は後悔という形になって現われる ……………… 231
- 第33話 追加加工に隠された戦術会計 ………………………… 232
  - ☞ 乳首を噛まれた男 …………………………………………… 232
  - ☞ ゴルフクラブに仕組まれた細工 …………………………… 232
  - ☞ 追加加工の採算の可否 ……………………………………… 233
  - ☞ 追加加工は付加価値を生む ………………………………… 234
  - ☞ スライスボールの後日談 …………………………………… 235

第九幕 戦略会計でディスカウント・キャッシュフロー … 237

- 第34話 時空を超えるディスカウント・キャッシュフロー ……… 238
  - ☞ M&A や PFI で活躍する DCF 法 …………………………… 238
  - ☞ 利息を無駄遣いする単利計算 ……………………………… 239
  - ☞ 雪だるま式の複利計算 ……………………………………… 240
  - ☞ 複利計算の応用です ………………………………………… 241
  - ☞ 時計を逆回転させろ ………………………………………… 242
  - ☞ 現在価値と将来価値を比較するのが戦略会計 …………… 243
- 第35話 戦略会計を一歩進めて正味割引現在価値 ………… 244
  - ☞ もうすぐ大団円 ……………………………………………… 244
  - ☞ 正味割引現在価値とは最終利益のこと …………………… 244
  - ☞ コングロマリット・ディスカウント ……………………… 245
- 第36話 そして二人は出会ってしまった ……………………… 247
  - ☞ 知らざあ言って聞かせやしょう …………………………… 247
  - ☞ BOY MEETS GIRL …………………………………………… 247
- 第37話 このごろ会社で流行るもの …………………………… 249
  - ☞ 二条河原落書 ………………………………………………… 249
  - ☞ 当世落書 ……………………………………………………… 249

索引 ………………………………………………………………………… 252

登場人物の紹介

三つ葉葵コンツェルン

重厚長大産業からIT（情報技術）分野に至るまで、幅広い事業を展開する新興財閥

ミツクニ副会長
コンツェルンの総帥であるとともに、小中高一貫の学園理事長を務める。肥大化した組織の行く末が現在の心配事。機嫌がいいと「かっかっかっ！」と高笑いする。

カクサン常務
三つ葉葵コンツェルンの常務であり、ミツクニ副会長の懐刀。エリカ会長を赤子のころから知る人物。腹巻きから、あらゆる大道具・小道具を取り出す。

エリカ会長
ミツクニ副会長の孫娘で、芳紀まさに18歳の女子高生。興奮するとポニーテールが大きく揺れる。コンツェルンの将来を託されており、「エリカ様」や「お嬢」とも呼ばれる。

ヤスベエ主事
マーケティング戦略事業部のエース。明晰な頭脳とゴルフの腕前では右に出る者なし。浮気性なのが、たまにキズ。ミツクニ副会長から、ある密命を受けている。

ナナコさん
エリカ会長の実姉であり、三つ葉葵ベジタブル研究所に勤務。学生時代はミスコンを総なめにした。嫉妬にかられると、胸元のペンダントが、ぎらりと光る。

スケサン主任
マーケティング戦略事業部の宴会部長。最近、髪の生え際を気にしている。将来は、新宿二丁目デビュー？

マーケティング戦略事業部の取引先

会津磐梯商事 ハルカ係長
ナナコさんにとって最強の恋敵。

長州巌流物産 Mrs.デラックス部長
日本の原発ビジネスを牛耳る怪女。ヤスベエ主事に首ったけ。

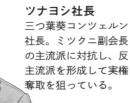

ツナヨシ社長
三つ葉葵コンツェルン社長。ミツクニ副会長の主流派に対抗し、反主流派を形成して実権奪取を狙っている。

ヤナギサワ管理本部長
ツナヨシ社長のソバに仕える用人。特技は権謀術数、趣味は胡蝶蘭栽培。マーケティング戦略事業部をつぶすために、ヤスベエ主事たちに無理難題を吹っかける。

コウズケノ参事
赤穂タクミノ産業事件により、眉間に傷を負う。「人事キラーのコウズケノ」と恐れられる。高校時代は卓球でインターハイ出場の経験あり。

オギュウソラ財務部長
三つ葉葵コンツェルンで「知恵者」と称される財務部長。主流派・反主流派のいずれにも属さず。だが、日和見主義でもない様子。

三つ葉葵コンツェルンの子会社

赤穂タクミノ産業 タクミノ社長
赤穂タクミノ産業事件を起こした首謀者。12月14日には、部下とともに本懐を遂げようと目論んでいる。

ホリーホック技研
三つ葉葵コンツェルンの製造子会社であり、量子コンピュータや人工知能の分野で八幡タロー製作所とことごとく競合する。

ヒコザエモン工場長
「この、たわけがっ！」が口癖の工場長。「生産管理の鬼」として他社にもその名をとどろかす。ゴルフでは1番ウッド（ドライバー）の使い手。

リョーコ係長
ヒコザエモン工場長に師事する、生産管理の鬼娘。学生時代はナナコさんと同級であり、街を歩けば芸能スカウトに囲まれる。エリカ会長の参謀役を期待されている。

八幡タロー製作所

量子コンピュータや人工知能の開発分野で、世界制覇を目指すベンチャー企業。

ベンケイ次長
生産管理やシステム部門を束ねる人物。コワモテ顔だが人望厚く、御曹司の教育係を兼務。ヨリトモ社長に恩義を感じながらも、御曹司の身を案じ、その板挟みに悩む。

ヨシツネくん
エリカ会長と同年の高校生。周りからは「御曹司」と呼ばれる。幼少の頃より天才プログラマーとして名を馳せる。周りの空気を読まず、毒舌のため、彼に反発する者が多い。

ヨリトモ社長
八幡タロー製作所社長。創業者亡き後、御曹司つぶしを図る。

ゴシラカワ係長
営業部所属のトラブルメーカー。九九算が苦手。乳首を噛まれた男や、カミサンが昼まで寝てる男として、新宿二丁目ではちょっと知られた人物。

【凡例】
1. 本書では図表と本文を対応させるために、「¶数字」の符号を使用しています。図表や文章中に「¶1」と表示されている場合、その前後にある文章の金額または単語と対応表示させています。
2. 本書で展開しているストーリーはフィクションであり、登場する団体や個人などの名称はすべて架空のものです。

第一幕

そこのけ、そこのけ、管理会計が罷り通る

第一幕のあらまし

◆ 会計には、財務会計と管理会計という二本柱があります。

◆ 第一幕では、コロンブスの新大陸発見や東インド会社の貿易取引などの歴史的な経緯を踏まえ、貸借対照表や損益計算書の成り立ちや、それを管理会計がどのように応用していったのかを説明していきます。

◆ 両雄並び立たない経営指標として、自己資本利益率ROEと総資本利益率ROAの対立があります。それぞれの意義と、両者の「意外な因果な関係」を解き明かします。

第1話　セーラー服の美少女スーパー高校生登場

👉 リストラ費用が20倍ですって！　天下の一大事だわ‼

「おじいちゃん、大変よっ！」
　私が「三つ葉葵コンツェルン」の役員室で、ミツクニ副会長と談笑しているときでした。
　弱冠18歳ながら、社内で「エリカ会長」や「エリカ様」と呼ばれる女子高校生が、セーラー服のスソを翻しながら駆け込んできました。クラブ活動や生徒会活動を通して、孫娘に商才を見出したミツクニ副会長が、同社マーケティング戦略事業部の一員に抜擢したのです。
　社内で彼女を「エリカ会長」と呼ぶのは、生徒会長を重ねているようです。
　ミツクニ副会長が理事長を兼任する学園は、エリカ会長の出先機関みたいなもの。彼女はそこから駆けつけてきたのでした。
「おじいちゃんっ！　天下の一大事なのよっ‼」
「エリカは、相変わらず騒々しいですねぇ」
　ミツクニ副会長は落ち着き払ったものです。
「あら、タカダ先生もご一緒だったのね。こんにちは。今日は、いい天気ですね。ところで、おじいちゃんっ！」
「これこれ、エリカ。なんですか、その、どこぞの女性タレントみたいに、心のこもってない挨拶は」
　いや、いいんですよ、副会長。エリカさんとは先ほど、学園の食堂で一緒に、チーズフォンデュを食べたばかりですから。
「そうでしたか。それで、エリカ、午後の1件目はどんな『一大事』なんだい？」
　どうやら、午前中にも何件かの一大事があったらしい。
「それが今度ばかりは、ホントッの一大事なのよ」
　エリカ会長は、青いリボンをつけた胸の前で、右の拳をぐっと握りしめました。そのままマイクを持たせたら、松田聖子『天使のウィンク[①]』でも歌

い出しそうな勢いだ。
「おじいちゃんも知っているように、流通子会社『スーパー伊達騒動』で、不採算店舗を一斉にリストラする『マル秘案件』があったでしょう。『マケ戦』で事前に見積もったリストラ費用は10億円とされていたはずよ」
　エリカ会長のいう「マケ戦」とは、マーケティング戦略事業部の略称。陰では「まけいくさ」とも呼ばれています。
　彼女が、ポニーテールを揺らしながら話を続けました。
「ところが、オギュウソラ財務部長が、その20倍の『200億円を見積もれ』って主張しているの。『話が大袈裟すぎないか』って、マケ戦では反発の声が上がっているのよ」
「そのことでしたか」
「でしたかって、おじいちゃんは知ってたの？」
「いま、タカダ先生から説明を受けていたところですよ」
　エリカ会長が「あら？」という顔をして、私のほうを振り返りました。
　オギュウソラ財務部長と謀ったわけではないですけれどね。リストラ費用の見積もりは200億円が妥当でしょうし、大袈裟な話でもないでしょう、という話を副会長にしていたところです。
「ふーん、経営コンサルタントって、そういうアドバイスもするの？」
　彼女は手を後ろに組み、上目遣いで私を見上げながら近づいてきました。その前髪には、三つ葉葵のヘアピンが、きらりと光る。
　ちょっと、エリカさん。美少女キャラの顔して、策に溺れる策士を見るような目つき、やめてくれません？

☞ 海図なき航海に、帆を張れ、碇を上げよ

　冒頭から、なにやら天下を揺るがす大事件が起きそうな気配で話が始まりました。
　マケ戦が見積もった案件について、財務部長はなぜ、その20倍ものリスト

【参考資料】
①作詞作曲：尾崎亜美

ラ費用を見積もれ、と主張したのでしょうか。それがどうして、大袈裟な話にならないのでしょうか。

　詳細は第18話まで待ってもらうとして、実はこれらの問題を管理会計というノウハウで突き詰めていくと、企業の経営戦略が抱える様々な矛盾や欠陥を炙(あぶ)り出すことができます。

　例えば、ある上場企業が、事業の再構築（リストラクチャリング）に取り組んだとしましょう。最初に見積もったリストラ費用がその後、10倍にも20倍にも膨(ふく)らんで慌(あわ)てふためいた、という事例を数多く見かけます。

　意を決して巨額のリストラ費用を計上し、「来期こそは黒字転換だ」と意気込んだにもかかわらず、翌期以降もリストラ費用の追加計上を余儀なくされて、経営トップが引責辞任に追い込まれた、という事例も存在します。

　また、清水(きよみず)の舞台から飛び降りる覚悟で、海外の企業へM&A（合併と買収）を仕掛けたにもかかわらず、ほんの数年で巨額の減損(げんそん)計上を余儀なくされた上場企業も散見されます。

　こうした敗因は、管理会計のノウハウを無視して、経営戦略を展開しようとしたことにあります。

　もちろん、理論と実務は異なります。しかし、理論を学ばずに実務に取り組むのは、海図を持たずに航海をするようなもの。オギュウソラ財務部長の主張は、それを理解した上でのことなのです。

　本書は、企業実務の最前線で得た知見をもって、管理会計の視点から解決策を探ろう、というスタンスを取ります。その足元にあるのは「なぜ」を徹底追求する姿勢にあります。

　そこで本書では『三つ葉葵コンツェルン』という新興財閥を登場させ、ここを舞台にしたフィクションを展開していきます。あくまでフィクションであることを、あらかじめご了承ください。

「たまにいるのよね、冗談の通じない人が。学校の授業はどうしてるんだとか、高校生に管理会計がわかるのかとか。そんなことに目くじらを立てていたら、学園ドラマや学園アニメなんて成り立たないわ」

「これこれ、エリカ。架空の人物が、もっともらしい発言をしてはいけませ

んよ。かっかっかっ！」

☞別室で補足説明を　〜 M&A とリストラと減損〜

　リストラクチャリングは「事業の再構築」と訳され、モノを入れ替え、ヒトを再教育し、再起を図る意味で用いられます。

　ところが、リストラは「クビ切り」のイメージが強く、捲土重来(けんどちょうらい)の機会が与えられません。第14話では、米ゼネラル・エレクトリックのリストラ策で炸裂(さくれつ)した中性子爆弾の話を紹介します。

　M&A とは、他社と合併（Merger）したり、他社を買収（Acquisition）したりすることをいいます。

　M&A やリストラの失敗に係るコストを、「減損」といいます。なんと無情な響きでしょう。

　なお、リストラに伴う減損は、後始末の費用を過小評価したために生ずるものです。それに対し、M&A の失敗に伴う減損は、相手を過大評価して、期待ハズレで終わったときの落差を表わします。

第2話　御曹司と愉快な仲間たち

☞ ヨシツネ郎党、参上す

「タカダ先生、お待ちしておりました」
　私が、八幡タロー製作所の会議室のドアを開いたとき、十名ほどの社員が、すっくと立ち上がって挨拶をしてくれました。今日は、同社での研修講義です。
　最初に挨拶に立ったのは、ゴシラカワ係長。
　その隣にいるのが、八幡タロー製作所の御曹司・ヨシツネくん。彼は、幼稚園児のころから天才プログラマーとして名を馳せ、中学生のとき八本のソフトを相次いで発表し、それらすべてがeスポーツ大会で採用されたことから、業界では「八艘飛びのヨシツネ」として有名です。
　現在は高校生でありながら、人工知能プログラムを開発中。八幡タロー製作所の名誉会長からの命で、同社のシステム開発に携わっています。
　その八幡タロー製作所は、量子コンピュータや人工知能の開発で、いまや押しも押されもせぬベンチャー企業としてその名を高めています。
　ヨシツネくんの隣に、彼の教育係をつとめるベンケイ次長が着座。
　つまり、御曹司の両脇を固めるのは、ヨシツネ郎党――、ではなくて、生産管理やシステム部門の面々です。
　ベンケイ次長が発言を求めてきました。
「先日、タカダ先生からお借りした研修用DVD『ホリーホック一族の管理会計』を、ここにいる全員で視聴しました。『三つ葉葵コンツェルン』という架空の新興財閥を舞台にして、いきなり減損やリストラの話から始まったので、面食らってしまいましたよ」
　最初に大風呂敷を広げるのは、こうした研修の常套手段ですから、ご了承ください。
「はい」と、ヨシツネくんが手を挙げました。
「一族名の『ホリーホック』は、どういう意味ですか？」

『三つ葉葵』のことです。

　歴史上の人物を拝借して、アットホームなドラマにしてみたかったのですが、ベンケイ次長ご指摘の通り、DVDの冒頭で面食らった人が多いようですね。

　そう思って今日は、レジュメを用意してきました。早速、DVDの続きを、この場でお話しすることにしましょう。

👉 貸借対照表を十字軍遠征で持ち帰る

　最初に〔図表2-1〕を見てください。これは会計の体系を表わしたものです。

```
〔図表2-1〕会計の体系

会計 ┬ 財務会計……決算書(貸借対照表と損益計算書)
     └ 管理会計
```

　会計は、上段の財務会計と、下段の管理会計とに分かれます。

　たとえ入門レベルであっても、下段の管理会計をいきなり学ぶのは難しい。上段にある財務会計のイロハを学んだ上で、管理会計を学ぶのが王道です。

　そこで財務会計の基本となる決算書、つまり貸借対照表と損益計算書を使って説明します。「決算書とは～」と大上段に振りかぶると難しくなるので、歴史的な経緯を参考にしながらアプローチしてみましょう。

　まず、ヨーロッパ中世の時代。十字軍の遠征によって中東から欧州へ香辛料がもたらされ、それが莫大な利益を生み出すことが知られるようになりました。

　肉食中心の欧州人は、冷蔵技術が発明されるまで、腐りかけた肉を食べざるを得ませんでした。その臭いを紛らわせるための香辛料を、ノドから手が出るほど欲しがりました。

　ところが、中東から陸路で香辛料を運ぶには、強大なオスマン帝国が立ちはだかりました。そこで開拓されたのが、大西洋を経由した海路だったのです。

　コロンブスやバスコ・ダ・ガマは、大西洋を渡る資金の拠出を、スペイン

女王に仰ぎました。

　女王からの出資額を1億円と仮定します。これが資本金の始まりです。

　コロンブスたちはその1億円で、船を調達します。モノに係る支出であり、固定資産と呼ぶことにします。

　この段階で表を作成すると〔図表2-2〕になります。

〔図表2-2〕出航前の貸借対照表

固定資産　1億円	出資額　1億円

　左側に固定資産、右側に出資額を配置すると、〔図表2-2〕は左右でバランスした形となります。これを「原始貸借対照表」といいます。

　会社を設立した経験のある人であれば、こういうシンプルな表を見たことがあるはずです。

☞ コロンブスの卵からベルサイユ宮殿が生まれた

　コロンブスたちによってアメリカやインドへ到達する航路が開拓され、香辛料やタバコなどが欧州へ運ばれるようになりました。それを売却して得た収入が10億円であったとします。

　この10億円から、人件費や経費などで構成される費用3億円を支払います。その結果、差し引き7億円の現金が残ります。これを航海前に資金を提供してくれたスペイン女王へ払い戻します。

　いままでの取引経緯を表わすと〔図表2-3〕になります。

〔図表2-3〕帰港後の貸借対照表

固定資産	1億円	出資額	1億円
費　　用	3億円	収　入	10億円
現　　金	7億円		
	合計11億円		合計11億円

　〔図表2-3〕の表（シート）の合計が、11億円で「バランス」している点に

注目してください。これがいわゆるバランスシート、すなわち貸借対照表であり、コロンブスが大西洋を横断することによって生まれた「会計の卵」になります。

　15世紀後半から16世紀にかけて、1回の航海ごとに〔図表2-2〕や〔図表2-3〕の貸借対照表が作成され、出資者へ莫大な現金が払い戻された後、これらの貸借対照表はその都度、廃棄されました。

　会計には「現金で始まり、現金で終わる」という格言があります。女王から募った出資を、女王へ払い戻す。その萌芽を、こうした貸借対照表に見ることができます。

「ニッポンの歴史でいえば、ここが南北朝時代の傑作『二条河原落書[①]』にもあった『事を見聞くぞ』の始まりなんですね」

　そう表現すると美談に聞こえますが、コロンブスたちが欧州に持ち込んだのは、香辛料よりも、伝染病という悪影響のほうが大きかった、といわれています。

「トイレで感染すると信じた国では、トイレが作られず、その異臭を隠すための香料が、さらに必要とされたらしいですね」

「ベルサイユ宮殿のトイレが少ないのは、その影響だよね」

　八幡タロー製作所の方々は、歴史好きが多いようです。

👉 T勘定ではなく、丁字路を右へ曲がれ

　16世紀後半、エリザベス一世の時代、海賊のボスから英国海軍の提督に抜擢されたドレーク船長が、スペインの無敵艦隊を撃破し、貿易航路の大半をイギリスが握ります。

　その後、東インド会社によって、喜望峰まわりの東西貿易が行なわれるようになりました。イエズス会の宣教師たちがニッポンにやってきたのも、その延長線上にあります。

　東西交易が活発になるにつれて、東インド会社の経理担当者は考えました。

【参考資料】
①本書の最終話（第37話）で、落書をパロディ化したものを掲載しています。

1回の航海ごとに貸借対照表を作成し、その都度廃棄するのは非効率だなと。

そこで航海ごとではなく、1年ごとに貸借対照表を作成し、繰り越していく方法が考案されました。

そうなると、毎年の貸借対照表を繋ぐ連結環が必要になります。こうして損益計算書が編み出されました。

ある年（第11期とします）、東インド会社の所有する帆船が、3度の航海を行ない、120の収入を得たとします。前年（第10期）と当年（第11期）の貸借対照表をそれぞれ〔図表2-5〕と〔図表2-6〕とすると、これらを繋ぐ損益計算書は、〔図表2-4〕になります。

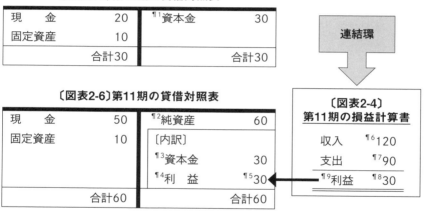

〔図表2-5〕や〔図表2-6〕の貸借対照表では、出資額を ¶1¶3資本金と読み替えています。

〔図表2-4〕の損益計算書では、1年間で得た収入 ¶16120から、諸経費の支出額 ¶1790を差し引いた ¶1830を利益としています。この ¶19利益が〔図表2-6〕の貸借対照表の ¶14利益 ¶1530へそのまま流れ、¶12純資産の一部を構成します。

〔図表2-4〕の損益計算書が、〔図表2-5〕と〔図表2-6〕の貸借対照表を繋ぐ連結環の役割を果たしていることを読み取ってください。

〔図表2-5〕と〔図表2-6〕の貸借対照表で注目してほしいのは、縦の太線の

両側に配置された金額の合計が、それぞれ30と60でバランスしていることです。

〔図表2-5〕や〔図表2-6〕にある太線の「T」の字にも注目してください。科目名や金額を収納しているので、これを「T勘定」といいます。金額が左右でバランスしているので、T勘定がどちらかに傾くことはありません。

いま、ローマ字の「T」を用いました。正しくは、甲乙丙丁の「丁」を使う「丁勘定」が、正しい表記です。ほら、道路交通法第2条に「丁字路」という用語があるでしょう。「T字路」ではないですからね。

丁字路を挟んで、車や歩行者などを左右に整理してバランスさせるのが、決算書の基本構造です。

☞ 産業革命と帝国主義の時代に決算書の様式が整う

〔図表2-4〕の損益計算書や〔図表2-6〕の貸借対照表の様式が、高度に整備されるようになるのは、18世紀の産業革命から19世紀の帝国主義にかけてです。

産業革命の時代に「産業資本」が生まれ、帝国主義の時代に「金融資本」が生まれました。両者を合わせた組織体をコンツェルンといい、これが国レベルにまで膨張して、20世紀に二度の世界大戦を引き起こすことになるのですが、それはまた別の話。

産業資本は、株主が資金の提供者となり、その提供額が純資産を構成します。金融資本は、銀行が資金の提供者となり、その提供額が負債を構成します。

株主と銀行という立場の違いが、それぞれ貸借対照表の右側で分かれます。〔図表2-7〕で確認します。

〔図表2-7〕貸借対照表

〔図表2-7〕にある（貸方）の列に注目してください。その右側にある銀行

や株主は、企業の外側に位置する者たちであり、利害関係者（ステークホルダー）と呼ばれます。ステークとは「ひっかかるもの」という意味です。
　〔図表2-7〕の（貸方）にある負債と純資産を合計したものを「総資本」といいます。この総資本は、（借方）にある資産と必ず一致します。バランスシートなのですから、当たり前の話です。

☞ 借方や貸方は殿方トイレと同じ

　〔図表2-7〕では、左側を「借方」、そして右側を「貸方」と表示しています。これは財務会計で確立されたルールです。
　常識的に考えると「企業は銀行からカネを『借りる』のだから、貸借対照表の右側が借方ではないか」という疑問が湧きます。
　決算書の様式を整えていったのは、企業ではありません。その右側に位置する金融資本家や産業資本家たちです。彼らの視点に立てば、企業の貸借対照表の右側にある負債は「オレたちが『貸した』カネだ」となります。したがって、貸方と表記することになっています。
　借方や貸方の「方」は、人を表わします。殿方や奥方と同じ用法です。

☞ 損益計算書は2つの利益に注目する

　損益計算書の様式も、19世紀には〔図表2-4〕から、次の〔図表2-8〕を経て、〔図表2-9〕へと細分化されていきました。

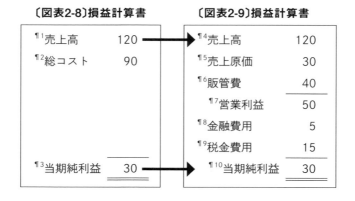

30

〔図表2-8〕と〔図表2-9〕を見比べると、トップ（¶1¶4売上高）とボトム（¶3¶10当期純利益）には変更がないので、矢印の通り右へ流れていきます。
　〔図表2-8〕の¶2総コストは、〔図表2-9〕では¶5売上原価・¶6販管費・¶8金融費用・¶9税金費用へと細分化されます。
　〔図表2-9〕にある¶6販管費は、「販売費及び一般管理費」の略称です。外資系などでは、SGA①と、気取った使いかたをします。明日から使ってみましょう。
　〔図表2-9〕の¶8金融費用は、おカネを借りたときに発生する支払利息です。¶9税金費用は、法人税や事業税などから構成されます。詳しくは第27話で説明します。
　〔図表2-9〕の中段にある¶7営業利益は「本業の儲け」と呼ばれます。¶10当期純利益は「最終利益」と呼ばれます。
　管理会計では、これら2種類の利益を押さえておけば十分です。
「利益はいいとして、原価・費用・コストなどの類義語が並ぶと、初学者にはその違いがわからなくて、覚えるのが大変です」
　会計では、原価・費用・損失という用語が混在して用いられており、初学者には不便の極みです。
　そこでこの研修では、特に断わらない限り、総称として「コスト」を用います。その合計額を「総コスト」と呼ぶことにします。
　もう少し詳しく説明すると、原価とは、仕入れた商品を販売することによって発生するものをいいます。"cost"を狭義に捉えるのであれば、売上原価に限定されます。
　人件費・交際費・支払利息などは、費用（expense）です。リストラに係るものは、損失（loss）です。

🖙 損益計算書にフリーランチはない

　経済学でしばしば引用される格言に「無料の昼食（フリーランチ）といっ

【参考資料】
① Selling, General and Administrative expenses

たものはどこにもない[2]」というのがあります。自分の好きなモノを得るためには、別のモノを諦めなければならない、という意味です。
「それって、"give and take"と表現されることもありますね。ウチでは、兄のヨリトモ社長の方針でボランティア活動に力を入れていますが、休日返上でしかも自腹の出費を強いられるので、いま一つ身が入りません」
「御曹司──！」
ヨシツネくんを諫(いさ)める声が聞こえました。
いえいえ、ベンケイ次長。彼の指摘は、もっともです。
損益計算書に計上される売上高やコストは、"give and take"を表わしたものです。give（コスト）があるから、take（売上高）があり、両者の差し引きとしてgain（当期純利益）が計上されるのです。これが「損得勘定」というヤツです。
先物取引でもない限り、商売というのは、先に損があって、その後に得が続きます。この順に従えば、損益計算書の様式は、売上原価や販管費が最初にあって、その下に売上高をぶら下げるのが正しい。
それでは当期純利益までを計算するのがややこしくなるので、現在では売上高（得）を冠として戴(いただ)き、その下に損（売上原価やSGAなど）をぶら下げる様式になっています。
第34話で説明するディスカウント・キャッシュフロー法（DCF法）は、"give and take"を忠実に表現したものです。最初に投資という支出（損）があって、次に収入（得）が続きます。
こういう基本構造をあらかじめ知っておかないと、損得はなかなか理解できないし、第6話で説明する「四大原理」も、画に描いた餅になります。
「そういやぁ、小学生でもモノの損得はわかるんだよなぁ」
双子を二組で四人の児童を抱えるゴシラカワ係長が、深いタメ息をつきました。

【参考資料】
[2]『マンキュー経済学Ⅰミクロ編』（東洋経済新報社）5ページ

第3話　管理会計を学んでほしい人たちがいる

👉 会計わらべの管理会計

　本書は、若い人たちに管理会計の面白さを伝えたくて、執筆したものです。読み飽きないように、お嬢と御曹司という「会計わらべ」を登場させ、二人に関わるメンバーにもそれぞれ個性を持たせ、御代に生まれて様々な物語を展開していくことにしました。

　本書は、次の既刊書に対する入門編（スタディガイド）になります。

> **[決定版]ほんとうにわかる管理会計＆戦略会計　第2版**
> 　執筆者　高田直芳（発行元　PHPエディターズ・グループ）

　もちろん、管理会計という用語を一度は耳にしながら、いままで敬遠してきたビジネスパーソンにも参考となるように、知識欲の十分の一くらいは満たせるようなコンテンツも、本書に盛り込みました。

👉 社長の周辺にいる人たちへ

　実は、もっと異なる分野の人たちにも、管理会計の面白さを知ってもらいたい、という思いで本書を執筆しました。その人たちとは、同族経営の中小企業の方々です。

　いえ、社長は、長年の経験とそれによって培われた勘で、独自のノウハウを身に付けているので大丈夫でしょう。特に資金繰りについては、専門家も舌を巻くほどのノウハウをお持ちです。

　問題は、その周辺にいる人たちです。

　顧問先を訪ねると、経理業務の大半は社長夫人や子女の方々が担当しており、現金出納帳や領収書等の整理に関しては、熟練のノウハウをお持ちです。

　しかし、実務家の立場から敢えて言わせてもらうならば、会計に関して「な

ぜ」を問う問題意識が足りない。誰もが「経理は、砂を噛む作業だ」と愚痴をこぼし、日々の業務をこなすにとどまる――。

👉 管理会計は「なぜ」を問うことにある

　社長業というのは孤独な商売です。その人物から絶大な信頼を寄せられるアドバイザーは、妻であり娘であるはず。
　長男は、ほとんどアテにならない。娘婿は傍観していることが多い。
　中小企業であろうとも、そこは一国一城。社長を支える妻女が、砂を噛む程度の意識では困るのです。
　管理会計の「なぜ」を知れば、経理業務だけでなく会社全体への認識が大きく変わり、社長へのアドバイスも格段に磨きがかかります。本書で紹介しているノウハウを、社長に内緒で身に付けて、いざというときその細腕をまくっていただこうというのが、本書の隠れた意図です。
　会計の専門家が読めば、不正確な記述が多々あります。むかっ腹を立てるシーンがあるかもしれません。平易に説明するために工夫をこらしたものなので、あらかじめご了承ください。
「タカダ先生、何、独り言を呟いてるんですか？　事務所にエリカさんがお見えですよ」
　ああ、おばちゃん、ごめんね。彼女に、接客用のキャベツ牛乳を出してくれます？

第4話　オカミが口出しするから話がこじれる

☞ 株主などに役立つ情報をディスる制度

「タカダ先生が編集した研修用DVD『御曹司と愉快な仲間たち』は、とても面白かったわ。特に『御曹司――！』というセリフがね」

エリカさんが興味を持ったのは、そこですか。

「でも、この先、『再び貸借対照表に戻って～』と説明を続けられたのでは、退屈しそう。もっと興味を惹(ひ)きつけられる話題はないのかしら」

ありますよ。〔図表2-1〕の下段にあった管理会計がそれです。高田会計事務所特製のキャベツ牛乳を飲みながら、財務会計との比較で説明しましょう。

財務会計は、会社法や法人税法などの法令によって統制されている会計のことをいいます。企業独自の自由形式が認められていません。

理由は、株主や銀行などのステークホルダーに役立つ情報を、等しく提供する必要がある、という使命を負っているからです。これを「ディスクロージャー制度」といいます。

「クローズを、ディスるのね」

☞ 人はそれをガープと呼ぶ

それぞれの企業が自由形式で決算書を作成し、公表していたのでは、同業他社の業績を比較することができなくなってしまいます。これを「比較可能性の確保」といい、もう一つの目的になります。

ディスクロージャー制度や比較可能性を確保するために、法令という権威をもって、企業に指図しているのが財務会計です。

「法令というと、『財務会計法』といった法律があるのかしら？」

そのような法律はありません。会社法や法人税法などにある条文で、会計に関する事項をまとめたものを総称して、財務会計と呼んでいます。

ただし、法律が細部まで定めるのは不可能なので、企業実務の中で「一般

に公正妥当と認められる会計」に従っていれば、「それは適法だ」「それは適正だ」と扱われる慣習が広く認められています。

例えば会社法431条では「株式会社の会計は、一般に公正妥当と認められる企業会計の慣行に従うものとする」と定めており、これを"GAAP[①]"といいます。

「ふ〜ん、『ガープ』っていうの」

会計の中心にある基本原則です。

☞ 東芝事件と日産自動車事件

GAAPを世界規模で行なおうとしているのが、IFRS基準（国際会計基準）と呼ばれるものです。「アイファース」や「アイエフアールエス」と発音します。

日本でもIFRS基準に準拠した制度が整備されつつあるのですが、英文のレポートを輸入してそれを翻訳するのに忙しいらしく、日本の制度として馴染むまでには至っていません。

上場企業の貸借対照表や損益計算書を見ると、その混乱ぶりがわかります。各社の様式がバラバラ。

地球規模での共通化を目指しているにもかかわらず、業績比較の可能性が崩壊しているといえるでしょう。

おまけに、それを解説する書籍も咀嚼が行なわれているとはいえ、難読語やカタカナ英語が氾濫していて、読むのに疲れます。

コンプライアンス（法令遵守）や、コーポレート・ガバナンス（企業統治）などの用語を、どれだけのコンソーシアム（事業連合体）がエクスプレイン（説明）できるか。

「御題目は立派だけど、中身を伴わないから、東芝事件（2015年）や日産自動車事件（2018年）が起きるわけね」

おっと、エリカさんは時事に詳しい。

【参考資料】
① Generally Accepted Accounting Principles

☞ 客に尻を向けて仕事をするな

　管理会計の話を進めましょう。これは世間に対して"クローズ"された会計であり、「同業他社の業績比較」を想定していません。

　独自の様式を採用していても、社内の管理用として役立つことができれば、それでいい。

　企業外部には公表されず、社外厳秘の会計です。そのため、自由裁量が許されます。財務会計との大きな違いです。

　ただし、ニッポンの管理会計は、欧米の理論を翻訳輸入したものが中心なので、財務会計以上にカタカナ英語が氾濫しています。

「この間、マケ戦で『フィデュシャリ・デューティ』という言葉が飛び交っていたわ。何が何だか、さっぱりよ」

　それは「客に尻を向けて仕事をするな」という意味です。

☞ ノン・ガープもある

「管理会計に守備範囲はあるの？」

　財務会計で扱わないものすべて、になります。

「ずいぶんと、アバウトな定義ね」

　GAAPに従わなくていいのですから、好きなように取り組むことができます。第11話以降で説明する固定費、変動費、損益分岐点売上高などは、自由に取り組むことができるので、管理会計の独壇場となります。

「固定費や変動費って、メディアなどでもよく見かける用語なので、財務会計の守備範囲かと思ってたわ」

　確かに、固定費や変動費は、財務会計のデータを用いて計算するものです。しかし、固定費などは、計算する人の裁量によって計算結果が大きく異なる、という欠点を抱えています。

　たとえ裁量にまみれた会計であっても、会社内部の人たちが「これが正しいのだ」と信じているのであれば、別に構いません。

　しかし、裁量にまみれた金額をそのまま外部に公表されたのでは、ステー

クホルダーの側は、たまったものではありません。
「管理会計でも、全国共通の定義集やルールを作ればいいのに」
　そこを突かれると、痛いです。法律によって体系化された財務会計の立場からすれば、管理会計の体系は、杜撰もいいところ。
　言い訳をさせてもらうならば、それぞれの企業内部で整備された経理規程などは、管理会計に関する定義集だといえます。
　しかし、それを全国の企業から集めて体系化するのは至難の業。対外的に公表したくないノウハウだってあるでしょう。
　それに、管理会計を定型的な枠に収めてしまうと、革新的な理論が生まれにくくなってしまいます。管理会計は、"Non-GAAP"のままのほうが、居心地がいいこともあります。
「GAAPではないほうがいい、ということ？」
　第15話で説明するEBITDAや、第34話のディスカウント・キャッシュフロー（DCF）などは、"Non-GAAP"だから、活躍の場が与えられているといえるでしょう。

☞ 経営指標は、矢印の始点を分母とするが吉

　管理会計が財務会計に対して優位に立つ証拠として、いくつかの経営指標を取り上げましょう。財務会計にも経営指標はありますが、次のように単純な式で構成されます。

〔図表4-1〕売上高当期純利益率

$$売上高当期純利益率(\%) = \frac{当期純利益}{売上高}$$

〔図表4-1〕は、損益計算書にある当期純利益を売上高で割って、百分率で表わしたものです。次の〔図表4-2〕にある損益計算書で説明しましょう。

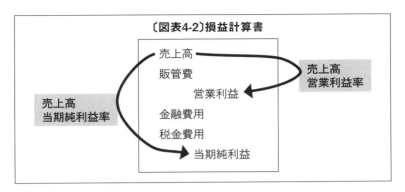

〔図表4-1〕の売上高当期純利益率の関係を、〔図表4-2〕の左側に示しています。
〔図表4-1〕の分子にある当期純利益（最終利益）を、営業利益（本業の儲け）に置き換えると、〔図表4-2〕の右側にある売上高営業利益率になります。

決算書を使って経営指標を見る場合、矢印の始点を分母とし、矢印の終点を分子として覚えるようにします。

☞貸借対照表にまとわりつく経営指標　しっしっ！

貸借対照表を利用した経営指標には、次の2種類があります。

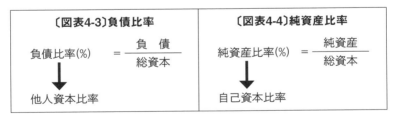

ポイントは、次の通り。

1つめは、〔図表4-3〕と〔図表4-4〕の分母はどちらも、総資本（負債と純資産の合計）です。

2つめは、〔図表4-3〕負債比率と〔図表4-4〕純資産比率を足し合わせると、必ず100％になります。借金がゼロであれば負債比率はゼロであり、その代わり純資産比率は100％になります。

第一幕　そこのけ、そこのけ、管理会計が罷り通る　39

3つめは、管理会計では、負債を「他人資本」、そして純資産を「自己資本」と呼ぶ慣習があり、それに倣（なら）って、負債比率と純資産比率をそれぞれ他人資本比率と自己資本比率に読み替えるのが通例です。

　以降では主として、他人資本と自己資本の用語を用います。両者の合計は、総資本になることを再確認しておきます。

　4つめは、自己資本比率（純資産比率）の逆数を「財務レバレッジ」といいます。式で表わすと〔図表4-5〕の通り。

〔図表4-5〕財務レバレッジ

$$財務レバレッジ = \frac{1}{自己資本比率}$$

　例えば自己資本比率が25％（＝¼）であれば、財務レバレッジは4倍になります。

　レバレッジとは梃子（てこ）のことであり、1の力で、その4倍の作用を働かせることができる、という意味です。

　次の〔図表4-6〕は、貸借対照表の右側（他人資本と自己資本）だけを抽出し、他人資本比率（負債比率）と自己資本比率（純資産比率）の関係を、矢印で表わしたものです。

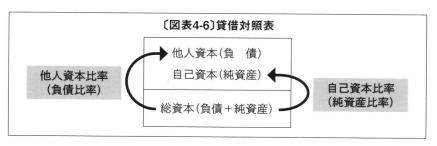

〔図表4-6〕貸借対照表

　矢印の始点と終点の関係から、これらの式の仕組みを理解してください。

☞ 小学生が理不尽（りふじん）なものと考える分数計算

　インターネットで用語検索を行なったとき、他人資本比率と自己資本比率

のどちらが検索上位になるか、わかりますか。
「そういう質問の仕方って、どちらも不正解、というのが相場ね」
　さすが、エリカさん。
　ヒット件数が多いのは、次のDEレシオという指標です。

$$\text{〔図表4-7〕DEレシオ}$$
$$DEレシオ = \frac{他人資本}{自己資本}$$

　"D"は他人資本（Debt）の頭文字であり、"E"は自己資本（Equity）の頭文字です。これらを合わせて、DEレシオといいます。
　この〔図表4-7〕に、〔図表4-3〕と〔図表4-4〕を組み合わせると、次の〔図表4-8〕になります。

$$\text{〔図表4-8〕DEレシオ}$$
$$DEレシオ = \frac{他人資本}{自己資本} = \frac{\frac{他人資本}{総資本}}{\frac{自己資本}{総資本}} = \frac{他人資本比率}{自己資本比率}$$

　〔図表4-8〕では、計算式の途中で「分数を分数で割る」というテクニックを省略しています。
　分数の割り算で、なぜ、分数を逆転させるのかという疑問は、小学生の多くが「社会における理不尽なもの」として経験する例です。
「私が最近、経験した理不尽なことといえば――」
　おやおや、どういうものです？
「健康食品のセールス電話がかかってきて、あまりにしつこくて。だいたい電話帳にも載せてない我が家の番号を『どうして知ってるの？』と問い詰めたの」
　そうしたら？
「『個人情報に関することなので、お答えできません』ですって！」

第一幕　そこのけ、そこのけ、管理会計が罷り通る　41

第5話　ROEとROA　両雄並び立たず

👉 オカミの仰せのままに、ひれ伏す経営指標

　いままでに取り上げた指標を組み合わせ、次の〔図表5-1〕を使って、代表的な経営指標を2本、取り上げます。

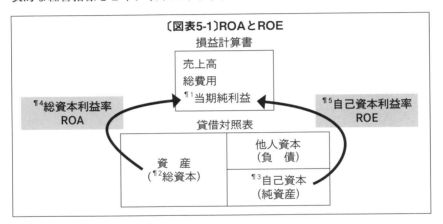

　〔図表5-1〕の右側にある ¶5自己資本利益率 ROE から見ていきます。これは、¶1当期純利益（Return）を、¶3自己資本（Equity）で割ったものであり、ROE[①]と略称されます。

　〔図表5-1〕で描かれている矢印の始点を分母、終点を分子にすると、ROEは次の〔図表5-2〕で表わされます。

$$（自己資本利益率ROE）= \frac{当期純利益}{自己資本}$$

〔図表5-2〕自己資本利益率ROE

【参考資料】
① Return On Equity

ROEは、経済産業省が2014年に『持続的成長への競争力とインセンティブ～企業と投資家の望ましい関係構築～』というレポートで推奨して以来、上場企業が「オカミの仰せのままに」と、平伏して従うことになった指標です。

☞ 頭を下げる相手を間違えていた

　その３年後の2017年に、今度は日本経済再生本部というところが、『未来投資戦略2017』というレポートを公表し、〔図表5-1〕の左側にある¶4総資本利益率ROAを推奨することになりました。
　〔図表5-1〕で説明すると、¶1当期純利益（Return）を、¶2総資本（Asset）で割ったものであり、ROA①と略称されます。次の式で表わされます。

〔図表5-3〕総資本利益率ROA

$$（総資本利益率ROA）= \frac{当期純利益}{総資本}$$

　2014年当時、オカミの威光にひれ伏してROEを押し戴いていた上場企業が、顔を上げたら頭を下げる相手を間違えていた——、というのが、これらの指標にまつわるオチです。
「オカミが、民間の指標に口出しするのも困った話ね」
　そのオカミの威光を利用しないと、指標を利害関係者に説明できない民間企業は、自立性を欠いた「困ったちゃん」です。

☞ コロンブスからデュポン方式まで

　ROEとROAは、昔から利用されてきた経営指標であり、いまさら、どちらの役所仕事に軍配を上げるか、などというのは些末な問題です。
　東洋経済新報社『会社四季報』や、日本経済新聞出版社『日経会社情報』では長年、ROEとROAが両論併記されてきましたし。
　足して２で割るのは、ニッポンのお家芸。ただし、本当にROEとROA

【参考資料】
① Return On Asset

第一幕　そこのけ、そこのけ、管理会計が罷り通る　　43

を足し合わせて、2で割るのはヤメてくださいね。

重要なのは、2つの指標の相互関係を把握し、それぞれの特徴を理解しておくことです。米国の化学会社・デュポン社が編み出した方法を以下で紹介するので、これを利用してROEの構造を理解してみましょう。

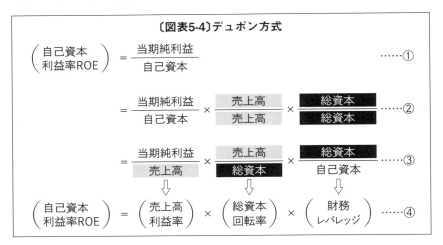

〔図表5-4〕①式は、〔図表5-2〕と同じです。この①式の分母にある自己資本（純資産）は、スペイン女王の出資額に相当します。この出資額を利用して、コロンブスが稼いだ儲けが、①式の分子にある当期純利益です。

したがって、自己資本利益率ROEというのは、委託者の期待（自己資本）に対して、受託者の努力（当期純利益）はどれだけのものであったか、を表わす指標になります。

〔図表5-4〕②式は、売上高と総資本を、分母と分子それぞれに掛け合わせたものです。これらを横へずらすと、③式になります。

この③式の分母と分子それぞれに名称を与えたものが④式であり、これを「デュポン方式」といいます。

☞ 総資本と月平均売上高を転がせ

〔図表5-4〕④式の右辺第1項「売上高利益率」は、〔図表4-1〕と同じ構造です。

右辺第3項「財務レバレッジ」は、〔図表4-5〕で説明した「自己資本比率の逆数」であったことを思い出してください。

　以下では、右辺第2項にある「総資本回転率」について説明します。

　総資本というのは、〔図表2-7〕で図解したように、貸借対照表の左側にあった資産のことです。その中身は、経営資源（ヒト、モノ、カネ、タイム）の総体です。

　この経営資源をもとに、企業活動（具体的には売上高）が何回転したかを表わす指標が、総資本回転率です。

　例えば、総資本を100とし、売上高を600とした場合、総資本は6回転（＝600÷100）することになります。

　総資本回転率の逆数を、総資本回転期間といいます。これを計算する場合は、年間売上高を12か月で割った月平均売上高を用います。

　例えば年間売上高を600とした場合、月平均売上高は50（＝600÷12）です。この50で総資本100を割ると「2か月」。すなわち、2か月で総資本が1回転する、という意味です。

　先ほど、総資本は6回転する、と述べました。これは1サイクルを2か月とした場合、1年で6回転することと同じです。

☞ ROEを向上させるための3つの経営戦略

〔図表5-4〕④式を見ればわかる通り、自己資本利益率ROEは3種類の指標に展開できることから、ROEを向上させるためには次の経営戦略を立案すればいいことになります。

> 〔図表5-5〕経営戦略の種類
> ①売上高利益率を上げること
> ②総資本回転率を上げること
> ③財務レバレッジを上げること

〔図表5-5〕にある三兎を追えば、ROEは飛躍的に上昇します。しかし、企業実務は、そんなに甘くない。

特に実務では、〔図表5-5〕①売上高利益率と、②総資本回転率とは、トレードオフ関係にあります。
「あれか、これか、の問題ね」

☞ ブルーオーシャンを航海できる企業は少ない

　流通業を考えてみましょう。
　このビジネスモデルは「薄利多売」といわれるように、1円2円どころか、1銭1厘1毛の「薄利」を強いられます。どこの店も同じ商品を扱うのであれば、広大なブルーオーシャンといえども次第に赤潮で覆われ、価格競争という消耗戦に陥るのは必然です。
　これを補うために、大量仕入れ・大量販売という「多売」が重要な経営戦略になります。一定の商圏で圧倒的なシェア（市場占有率）を獲得することが、多売を展開する際の至上命題となります。
　その結果、流通業界の総資本回転率は通常、2桁を超えます。
「店の大きさを10とすると、売上高は200や300にもなるのね」
　コンビニエンスストアの配送トラックを街中で頻繁に見かけるのは、1日に何度も商品を搬入しているからです。渋滞のない深夜はその倍。配送効率を上げるためには、狭い商圏に、多数の店舗を展開したほうがいい。
　その結果、数十メートルおきに、同じコンビニの看板が並ぶことになります。これをドミナント戦略といいます。
　流通業から見れば、〔図表5-5〕①は薄利であり、同②は多売を表わしているのです。
「そうなると、〔図表5-4〕④式にあった『売上高利益率』と『総資本回転率』は、『薄利』と『多売』の掛け合わせを、式で表わしているわけね」
　よく気がついてくれました。

☞ 製造業の売上高利益率が高い理由

　製造業は、受注してから生産に取りかかり、販売に至るまで、長い期間を要します。

〔図表5-5〕②の総資本回転率は、1を大幅に下回ることが多い。自動車産業の総資本回転率は、0.5くらいしかありません。

それを補うために、〔図表5-5〕①の売上高利益率は厚めになります。「厚利少売」と表現できます。

「製造業にも競争相手はたくさんいるはずなのに、どうして『厚利』になるの？」

いい質問です。

製造業は、研究開発や生産技術などで制約があるため、売上高をそう簡単に増やすことができません。その反射的な効果として、〔図表5-5〕①の売上高利益率が高くなるのです。

売上高の伸びに制約のあるビジネスモデルほど、売上高利益率は高くなります。そうした要因が、厚利少売となって表われます。

☞ 都心のホテルの宿泊代やコーヒー代は、なぜ高いのか

意外な例として、都心に立地するホテルを考えてみましょう。出張などが多いビジネスパーソンにとって、宿泊代の高さは悩みの種です。

駅前の一等地にある超一流・超高級ホテルは、「おもてなし」を中心とするサービス業の典型であり、製造業ではありません。

それにもかかわらず、売上高利益率は軒並み高い値を示します。なぜなのか。

都心のホテルは、巨大な施設を擁したビジネスモデルです。施設がいったんできあがってしまうと、製造業と同様に売上高の増大には限界があります。その反射的な効果として、売上高利益率の追求に走ります。それが都心のホテル代を高くしているのです。

東京銀座や大阪梅田などのフルーツパーラーで注文する飲み物が、なぜ、1杯数千円もするのか、というのも同じ理屈です。

☞ 中小零細企業に明日はない

「薄利多売」の流通業と、「厚利少売」の製造業それぞれのROEを並べると、次の〔図表5-6〕になります。

第一幕　そこのけ、そこのけ、管理会計が罷り通る　47

〔図表5-6〕ROEの類型

ROEの一般型	=	(売上高利益率)	×	(総資本回転率)	×	(財務レバレッジ)
流通業のROE	=	(薄利)	×	(多売)	×	(財務レバレッジ)
製造業のROE	=	(厚利)	×	(少売)	×	(財務レバレッジ)

　ROEを読み取る上で注意したいのは、流通業のすべてが薄利多売ではなく、製造業のすべてが厚利少売ではないことです。

　薄利を避けようとする流通業は、自ら製品開発を行ない、独自のブランド商品を店頭に並べようとします。少しでも製造業に近づこうとするビジネスモデルを、製造小売業SPA[1]といいます。アパレル業界で多く見かけます。

　製造業に属していながら、厚利で稼ぐことができないビジネスモデルもあります。中小零細企業です。

　必死にコスト削減に取り組んでも、元請けからさらなるコスト削減を求められる。日々その繰り返し。中小零細企業に明日はないのか。

　この問いに答えるためには、第26話まで待ってもらう必要があります。
「ROEとROAの使い分けは？」
　その質問については、厚利と多売とを絶妙に組み合わせた企業は存在するのか、という問題や、GAFA[2]という米国企業群と組み合わせて、第20話で説明します。

　あわてない、あわてない。

【参考資料】
[1] Specialty store retailer of Private label Apparel
[2] グーグル(Google)、アップル(Apple)、フェイスブック(Facebook)、アマゾン(Amazon)の4社の頭文字を合わせたもの。

第二幕
このごろ都で流行る管理会計

第二幕のあらまし

◆ 管理会計を学ぶにあたって重要な【四大原理】を紹介します。
　【第一原理】ビジネスは、トレードオフに直面する。
　【第二原理】ビジネスは、機会損失の最小化を目指す。
　【第三原理】ビジネスは、機会費用の見極めが重要である。
　【第四原理】ビジネスには、インセンティブが伴う。

◆「お得感」とは何か。

◆ 機会費用とは何か。機会損失とは何か。

◆「六法全書には愛がない」といわれます。管理会計では、機会費用、機会損失、埋没原価などの概念を用いて「愛を語る」ことができます。

◆ 経済学の利潤と、管理会計の利益は、どう異なるのか。

◆ 損益計算書上の利益がプラスであっても、利潤がマイナスであれば、ビジネスとしては失敗です。

◆ 自己資本利益率 ROE や総資本利益率 ROA に、一般的な目安はあるのか。

| 第6話 | M&Aは「時間を買う」ビジネス |

🕮 腹巻きから40インチ大画面を取り出す男

　今日は、三つ葉葵コンツェルンの、企画や財務などのセクションがひしめくシェアオフィスを、エリカ会長の案内で歩いています。
「貸借対照表や損益計算書って、重要なのはわかるけれど、砂を噛む話であることに変わりはないわよね」
　周りに挨拶をしながら、背筋を伸ばして歩くその姿は、ミツクニ副会長の若かりし頃によく似ているといわれます。
　フロアの中央に辿り着くと、どら焼きが大好物で「ドラえ御門」の異名を取るカクサン常務が、天井を見上げながらブツブツ何かを呟いていました。ネクタイを締めたスーツ姿で、腹巻きを身に着けたそのスタイルは、常務のトレードマークです。
　背後から近づいて耳をそばだてると――。
「飛行機にすべきか、新幹線にすべきか。こいつは難しい問題だ、ぜ」
「おじちゃんは相変わらず、択一問題で悩んでいるのよね」
　エリカ会長が、カクサン常務の左肩を、バン！　と叩きました。
「お、お嬢じゃないか。おどかすなよ」
　振り向いたその赤ら顔を見ると、血圧が一気に50は上がったようです。
　カクサン常務はミツクニ副会長の懐刀といわれ、「昔は、お嬢のオシメを替えてやったもんさ」という一言で、エリカ会長の暴走を抑える能力を持っています。
「ごめんねぇ。おじちゃんが真剣な表情をしていたものだから、どのように声をかけていいのか、迷っちゃったのよ」
「明日、東京から博多へ出張するもんでね。どの交通手段を利用しようかと悩んでいたんだよ」
　カクサン常務が手に持っているタブレット端末には、〔図表6-1〕のスケジ

ュール表が映し出されていました。

〔図表6-1〕東京から博多へのスケジュール(片道)

	移動時間	片道運賃
①飛行機を利用する場合	3時間30分	43,000円
②新幹線を利用する場合	5時間10分	23,000円
両者の差	飛行機のほうが[*1]1時間40分も短い。	新幹線のほうが[*2]20,000円も安い。

「こんな小さな画面で、三人が額を合わせていたのでは、よく見えないわよ。もっと大きな画面はないの？」
「あるよ」
　カクサン常務は事もなげにそう答えると、腹巻きから40インチの大型ディスプレイを取り出しました。
「これなら、よく見えるわ」
　いや、エリカさん。ツッコミを入れるところが違うって――。
　と、とにかく、拝見しましょうか。

☞ 時間と運賃は比較できるのか

　〔図表6-1〕を見ると、移動時間は、①飛行機を利用する場合が[*1]1時間40分も短く、片道運賃は、②新幹線を利用する場合が[*2]20,000円も安くなっています。
「コスト削減の折、新幹線を利用すべきかな、と考えているんだが、博多で重要なプレゼンテーションを行なうので、飛行機を利用して1分でも早く到着し、プレゼンの準備をしたいのさ」
「移動時間と運賃とでは、単位が違うから、比較のしようがないじゃないの」
　いえ、エリカさん。これは管理会計で解決すべき問題です。

「でも、〔図表6-1〕には、売上高もコストもないわよ。これでは ROE や ROA も計算できないわ」

☞ どんなに分厚い壁であっても、四大原理はすり抜ける

「会計」という用語を聞いただけで、腰が引けてしまう人がいます。これに「管理」が付いては、いかにも窮屈そう。

「管理されるのは嫌いだ」とばかりに、「かかれぇ～」と突進したところで、砕け散ってしまうのがオチ。

管理会計の迷宮に、徒手空拳で突入せよ、とまでは要求しません。せめて次の〔図表6-2〕にある「四大原理」を理解して、迷宮の奥にはどのようなお宝が隠されているのか、それを推理するようにしてください。

〔図表6-2〕管理会計の四大原理

【第一原理】ビジネスは、択一問題(トレードオフ関係)に直面する。
【第二原理】ビジネスは、機会損失の最小化を目指す。
　　　　　　(ビジネスは「お得感」の最大化を目指す)
【第三原理】ビジネスは、機会費用の見極めが重要である。
【第四原理】ビジネスには、インセンティブ(動機づけ)が伴う。

☞ 企業は営利を追求する生きものである

〔図表6-2〕の四大原理に共通している枕詞(まくらことば)に「ビジネス」があります。これには個人事業もあるでしょう。ここでは、企業などの組織を想定します。

その企業が存在する目的は何か、を考えたことがあるでしょうか。当たり前の質問ですが、これを理解しておくことは重要です。

ところで、常務、六法全書はありますか。

「あるよ」

常務は事もなげにそう答えると、腹巻きから古今東西の判例集をも収録した全三十巻を取り出そうとしました。

いえ、そこまでは必要ありません——。

パラパラとめくって会社法のページを開くと、その第5条に「会社がその事業としてする行為及びその事業のためにする行為は、商行為とする」とあります。この会社法にある事業を、ビジネスと読み替えます。
　会社法第8条には「営業上の利益」、すなわち「営利」という表現があります。俗っぽい表現をするならば「ゼニもうけ」。
　これらを噛み砕いて解釈するならば、企業はビジネスを行なうことにより、営業上の利益＝営利を追求する存在だ、となります。

☞「お得感」とは何か

　第一原理から説明する前に、第二原理にある「お得感」を説明しておきます。これは「儲かっちゃった」と喜ぶことをいいます。「経済的だ」や「合理的だ」というドライな感覚も、お得感に含まれます。
　「ビジネスの定義やお得感はわかるとして、第二原理の機会損失や、第三原理の機会費用だなんて、見たことも聞いたこともないわ」
　エリカさんの懸念は、ごもっとも。具体的な内容は、これから説明します。
　機会損失などの専門用語を理解すれば、〔図表5-5〕で説明した売上高利益率と総資本回転率のトレードオフ関係も、「ああ、そうか」と納得できることになります。
　管理会計の迷宮に踏み込んで、分厚い壁にぶち当たったときは、〔図表6-2〕にある四大原理のどれに該当するのだろう、と考えることです。どんなに分厚い壁であっても、するりとすり抜けることができます。

☞【第一原理】ビジネスはトレードオフに直面する

　〔図表6-2〕の第一原理に戻ります。
　ここにある「択一」とは、2つ以上ある案（またはプロジェクト）の中から1つを選択することをいいます。
　〔図表5-5〕で説明した売上高利益率と総資本回転率の「あれか、これか」は、二者択一です。三者択一や四者択一もあります。
　ある商品を仕入れるとき、3社のうちのどこに注文するか。購買担当者が

行なう「相見積り」は、三者択一問題です。

　土地を購入する場合も、自己資金で購入するか、銀行借入金で購入するか、という二者択一問題があります。
「おカネをどうやって調達するかはともかく、『この土地を買いたい』という案そのものに、択一問題は存在しないわよね。だって、土地というのは、『そこ』にしかないのだもの」
　そうとも言い切れませんよ、エリカさん。
　たとえ購入する土地が「そこ」にしかない場合であっても、その案には必ず「購入しない」という不作為の案が存在します。これを現状維持案といいます。
「既得権益を侵されたくない、という抵抗勢力が存在する限り、必ず二者択一問題が生じるということですかな」
　その通りです、カクサン常務。
　役所の前例踏襲主義や事なかれ主義は、現状維持案の究極の姿です。
　ビジネスにこうした択一問題が見出されるのは、企業が保有する経営資源（ヒト、モノ、カネ、タイム）には限りがあり、かつ稀少だからです。企業活動には無数の制約条件が課せられている、と言い換えることができます。
　どんなに豊富な資金量を誇る企業であっても、社内で検討される案（プロジェクト）すべてに、湯水を注ぐほどの予算はありません。
　どの案を選択するのが望ましいのか。一定の判断基準のもとに最も望ましい案が選択され、そこに経営資源が集中的に投入されます。
　これが、ビジネスの世界でしばしば唱えられる「選択と集中」です。

☞ 東京から博多へ向かう時間とカネ

　択一問題は「カネ」の比較にとどまりません。「時間」も貴重な経営資源であり、これにも択一問題が存在します。
「カネ vs. カネ」や「時間 vs. 時間」という択一問題だけでなく、「カネ vs. 時間」という択一問題もあります。その典型例が、企業の合併や買収（M&A）です。
　M&Aの世界では、ときに数兆円のカネが動くことがあり、世間を驚かせ

ます。このとき、買収を仕掛ける企業の側が、プレス向けに用いる常套句に「時間を買う」というのがあります。

　ビジネスをゼロから立ち上げていたのでは、そのビジネスが軌道に乗るまで何年かかるかわからない。たとえ年数がわかったとしても、どれだけの資金を投入すればいいのか、予想がつかない。

　兵力（資金）の逐次投入が最悪の事態を招くのは、軍事戦略に限った話ではありません。

　一時的に巨額の資金を要しようとも、既存のビジネスを買収したほうが、資金の見積もりを立てやすく、成功の確率についても予測できます。それが「時間を買う」という意味です。

　M&Aは、「カネ vs. 時間」という択一問題を、ビジネスの最前線で適用する例だといえます。

　「〔図表6-1〕は、おカネと時間の比較だから、東京から博多まで行くのは、M&Aの発想に似ているのね。管理会計で解決すべき問題であることが、ようやくわかったわ」

第7話 | 時間だけでなくストレスも二者択一になる

☞ ローンが得か、リースが得か

　M&Aは、スケールの大きな話です。もっと身近な例で説明しましょう。例えば自動車を購入するとき、ローンを組むか、リースにするか、という二者択一問題を考えます。
「ローンやリースではなく、自己資金で購入するという第三の選択肢もあるんじゃないの？」
　自己資金は、たった一日だけローンを組むことと同義で考えます。ローンで購入しても、自己資金で購入しても、自分のところに所有権が移るという点では同じです。
　それに対し、リースを組んだ場合、自動車の所有権は徹頭徹尾、リース会社に残ったままです。
　ただし、ローンもリースも、元利均等返済である点では同じなので、選択に迷うところ。ここが重要です。
「どちらも元利均等返済であれば、ローンかリースか、判断に迷うわね」
　借り手の立場になって、リースの短所から説明しましょう。
　１つめは、途中解約ができないことです。
　２つめは、期日前の繰り上げ返済ができないことです。
　３つめは、下取りの有無です。
　ローンの場合、返済期間が終了すれば、自動車の所有権は完全に自分のものとなり、新車を買うときは下取りしてもらうことができます。繰り上げ返済も可能です。
　それに対し、リースの場合、その所有権は最初から最後まで、リース会社のものです。リース期間が終了すると、リース会社が自動車を引き上げてしまいます。「下取りのうま味」はありません。

☞ 元利均等返済と元金均等返済

「はい、素朴な質問があります」

なんでしょう、エリカさん。

「さっき訊こうと思ったのだけれど、元利均等返済って何ですか？　知ったかぶりをするのも、シャクなので。確か、元金均等返済というのもあったような……」

一文字違いなので、間違えやすいところです。

まず、元金と利息を合計したものを、元利合計といいます。第34話で再登場するので、覚えておいてください。

この元利合計が毎月同額のものを、元利均等返済といいます。住宅ローンや自動車リースなどが該当します。

元金が定額で、それに利息を上乗せして返済する方法を、元金均等返済といいます。この返済方法の場合、元利合計は毎月、少しずつ少なくなります。企業が金融機関から借り入れを行なう場合、そのほとんどが元金均等返済です。

☞ 高級外車は貧者のセレブ感をくすぐる

次に、リースの長所です。

１つめは、小型車や軽自動車の場合で、月々の支払額が少ないときは、リースを選択して乗り換えていったほうがいい。保有価値よりも利用価値を重視する人にお勧め。カーシェアリングは、その例です。

２つめは、車庫に置く鑑賞用ではなく、頻繁に乗り回すのであれば、これもリースを選択したほうがいい。リース期間が終了したらさっさと返却して、高級車に乗り換えるほうが、貧者のセレブ感をくすぐります。

３つめは、デジタル複合機やスマートフォンのように技術革新が激しいものは、リース契約を結んで、どんどん最新機種へ交換していったほうが効率がいい。

以上の説明を裏から読めば、ローンの長所と短所になります。

ニッポン人は、機械装置に名前を付けるほど、「モノ」に対する愛着が強い民族です。モノに対して愛着を持ってしまう人は、リースなど選択せず、ローンや自己資金で購入し、手許に置いて鑑賞したほうがいいでしょう。

☞ 金融資本主義が格差社会を生む

　リースやローンを提供する金融会社の側も心得たもので、利用者が次の車を選んでいる間に、引き取った車を中古車市場へさっさと転売し、そこで二の矢・三の矢の利鞘を稼いでいます。

　自動車業界が毎年、史上最高益を更新しているのは、新車の販売で儲けているからではありません。リースやローンなどの金融部門にあることを知っておくべきでしょう。

　ところで、ひところ、格差社会が問題になりました。

「金持ちはますます金持ちになり、生活困窮者はますます困窮する、という話ね」

　おカネを持っている人は「このクレジットカードを使うか、あのクレジットカードを使うか」で迷うかもしれませんが、利息が発生しない「翌月一括払い」を選択することに変わりはありません。

　おカネのない人も「あれか、これか」で迷うのですが、その選択肢はリースにするか、ローンを組むかにあります。いつもニコニコ一括払い、というわけにはいきません。

　富者の選択と、貧者の選択とで大きく異なるのは、〔図表2-9〕の下のほうにあった金融費用（支払利息）です。

「そうかぁ、『金融資本主義』が、格差社会を生み出しているのね」

　いまはまだ、高校の「政治・経済」の話の一部として理解しておいてください。

☞ 営業部や製造部はあっても「経営部」というのはない

　択一問題は、決算書の中でも見出すことができます。会社の損益計算書を取り寄せて、それを眺めてみましょう。少なくとも、次の3種類の択一問題

を見つけることができます。

> **〔図表7-1〕損益計算書の択一問題**
> ①売上高に関する択一問題
> ②コストに関する択一問題
> ③利益に関する択一問題

〔図表7-1〕①については、様々なバリエーションがあります。他社に買収を仕掛けて、販売シェアの拡大を図るのか。会社分割を行なって、組織の効率化を目指すのか。新製品を投入するのか。既存製品のテコ入れのほうを選択するのか。

〔図表7-1〕②については、派遣社員を正社員として雇用するのか。新卒者を雇用するのか。即戦力の中途採用を優先するのか。いずれを選択するかによって、人件費や経費などのコスト構造が変わります。

資金を調達するに際して発生する金融費用を、どれだけ抑えられるかという問題も、〔図表7-1〕②に属します。第28話で、加重平均資本コストの話と絡めて説明します。

〔図表7-1〕③に関しては、株主への配当金をいくらにするのか。金庫株を取得するのか。これを誰に譲渡するのか、といったことが択一問題になります。

「金庫株って何ですか？」

株式会社が自分の株式を保有することを、自己株式といいます。将来、誰かに譲渡することを目的として保有し続ける（金庫にしまっておく）ものを特に、金庫株といいます。タンス預金と同じです。

📣 節税保険とバレンタイン・ショック

中小企業の択一問題の例として、決算期が近づくと、多額の保険に加入するケースを、しばしば見かけます。役所に血税を無駄使いされるくらいなら、保険料を支払って節税しよう、という発想は、二者択一の問題です。

受け皿となる保険会社のほうも手ぐすね引いて待ち構えていて、かつて「節税保険」と銘打った金融商品を販売したことがありました。あまりの過熱ぶ

りに金融庁や国税庁が問題視し、取り扱い中止の憂き目を見ることになりましたが——。

ちなみに、節税保険の販売を慎むべし、という当局の行政指導が、2月14日に行なわれたことから、保険業界では「バレンタイン・ショック」と呼ばれました。

保険金の支払いや株主への配当を行なわず、会社内部に利益を貯め込む、という選択肢もあります。内部留保と呼ばれるものであり、これは現状維持案を選択した結果、積み上がるものです。

☞ あらゆる選択肢を同時にスカッと解決する方法

経営者にとって悩ましいのは、〔図表7-1〕にある①から③までを、それぞれ独立して検討するケースが、ほとんどないことです。これらは互いに影響し合っており、組織の上層部にいる者ほど、一人で悩み、かつ、同時に解決していく必要があります。

カクサン常務が、組んでいた腕を、ようやくほどきました。

「多数の問題を同時に解決していかなければならないので、毎日がストレスの連続でさぁ。あらゆるものを同時に解決できて、気分がスカッとする選択肢はないものかと、いつも考えてるんだがね」

翌日の昼過ぎ——。

「タカダ先生、こんにちは！」

はい、こんにちは。

エリカ会長の挨拶は、相手を元気づける何かがあるようです。

ところで、カクサン常務は、博多へ出立したのですか。

「おじちゃんなら昨日の夜、大量のイルミネーションを腹巻きに積み込んで、軽トラックで颯爽（さっそう）と出かけていったわよ」

飛行機や新幹線のように他者の操縦ではなく、自ら運転することによってストレスを最小化する選択肢を選んだんですね。

「おカネや時間だけでなく、ストレスといった気持ちも択一問題になるのね。意外だったわ」

それについては、〔図表6-2〕の第二原理や第三原理と絡めて、マケ戦のフロアに移動して説明しましょう。

第8話 会社法や法人税法には、愛がない

☞ それでも愛を語る二人

会社法や法人税法には「愛がない」といわれます。

しかし、管理会計では「愛」を語ることができます。そのキーワードとなるのが、〔図表6-2〕の第二原理（機会損失）と、第三原理（機会費用）です。

見たことも聞いたこともない専門用語の羅列で、面食らってしまいそうです。所詮は人間が考え出したものですから、わからないことなど一つもありません。

難しい理論を、堅苦しく語るのは簡単です。難しい話を優しく、易しい話を深く解説するのが、専門家の責務であると考えています。

とはいえ、最後は読者の取り組みかた次第。J-POP系の甘いマスクを持ち、ゴルフではセミプロ級の腕前を誇るヤスベエ主事の話を聞きながら、おのれの力量を問うてみてください。

☞ 鼻の下を伸ばす男

「あら、ヤスベエ主事じゃないの。今日も絶好調みたいね。『彼女』からデートでも誘われたの？」

「おっと、エリカ会長とタカダ先生でしたか。勘が鋭いっすね。得意先の会津磐梯商事と長州巌流物産それぞれの女性キャリアからゴルフに誘われて、迷っているんですよ」

高田馬場ジュリアナゴルフ場で、18ホールすべてでバーディを取っただけのことはありますね。独身貴族ですし。

「で、ですね。会津磐梯商事のハルカ係長からは『軽井沢のゴルフ場に連れてって♥』と、せがまれてるんですよ。ところが、長州巌流物産のMrs.デラックス部長からは『おやま遊園地のショートコースに連れてってよぉ♥♥』と誘われてるんです」

これだけ「♥」が飛び交う話も珍しい。
　ヤスベエ主事の話によると、今回の接待ゴルフは取引深耕の意味もあるので、本社経理部からは接待交際費10万円が支給されるそうです。ヤスベエ主事にとっては、接待交際「収入」になるので、残金は自分のポケットマネーにできます。
　なお、こうした「渡し切り交際費」が、給与の扱いになるのかどうかまでは関知しません。
　ヤスベエ主事の接待ゴルフは、ビートルズの曲①に似て、1週間で8つのゴルフ場をハシゴするハードなもの。その都度、渡し切り交際費が支給されます。抜群の営業成績を誇るだけあって、破格の待遇です。
　ただし今回は、会津磐梯商事と長州巌流物産のどちらかしか選べない、という二者択一が、経理部からの条件だそうです。
「でも、ヤスベエ主事は、うちのおねえちゃんと付き合ってるんじゃなかったっけ？」
「と、とんでもないっす！　ナナコさんと交際だなんて、恐れ多いですよ。今回も、下心なんて、これっぽっちもありません。接待ゴルフに徹します」
　エリカ会長は、目を細めて「ふ〜ん」と一言発しただけで、それ以上の追及はしませんでした。
　彼女の疑念は当然です。
　私も、第18話と第29話で、大どんでん返しの予感がするのですが——。それは後顧の憂い、ということにしておきましょう。
　もう一つ疑問に思ったのが、栃木県小山市にある「おやま遊園地」。あそこは経営破綻して、いまはショッピングモールに変わったはず。
　河川敷ゴルフ場と勘違いしているのかな。本人たちが喜んでいるのだから、ま、いいか。

【参考資料】
① The Beatles "Eight Days A Week"

第二幕　このごろ都で流行る管理会計

☞ ビミョ〜な択一問題

　ところで、ヤスベエ主事は今回の接待ゴルフのために、ホリーホック技研製のドライバー『To Be To Be Ten Made』を、100万円で購入したそうですね。飛距離が600ヤードを超え、パー5をワンオンする優れものだと聞きました。
　今回は、その腕試しも兼ねているわけですね。
「でね、これを見てもらえますか」
　ヤスベエ主事が、エリカ会長と私に示したのは、接待ゴルフの予算を書き並べたメモ用紙でした。

〔図表8-1〕ハルカ案とデラックス案の試案

	会津磐梯商事の ハルカ係長と ゴルフをする場合	長州巖流物産の Mrs.デラックス部長と ゴルフをする場合
経理部から支給される 接待交際収入	100,000円	100,000円
ゴルフに係る諸経費 　交通費 　プレー代 　食事代	 30,000円 50,000円 10,000円	 20,000円 40,000円 10,000円

　なるほど、こいつは微妙な二者択一問題だ。

☞「お得感」があるのは、どっち？

　ヤスベエ主事からキーボードを拝借し、会津磐梯商事のハルカ係長とゴルフをするプランを「ハルカ案」、長州巖流物産のMrs.デラックス部長とゴルフをするプランを「デラックス案」として、〔図表8-1〕を〔図表8-2〕に作成し直してみることにしました。

〔図表8-2〕ハルカ案とデラックス案の損益計算書

	ハルカ案の損益計算書	デラックス案の損益計算書	差額
1.売上高（接待交際収入）	¶1 100,000円	¶3 100,000円	¶5 0円
2.総コスト			
(1)交通費	30,000円	20,000円	
(2)プレー代	50,000円	40,000円	
(3)食事代	10,000円	10,000円	
合計	90,000円	70,000円	¶6 20,000円
3.当期純利益	¶2 10,000円	¶4 30,000円	¶7 ▲20,000円

〔図表8-2〕の左端では、経理部から支給される接待交際収入100,000円を「1.売上高」と見立て、ゴルフに係る諸経費の合計を「2.総コスト」と見立てて、両者の差額から「3.当期純利益」を求める構成としています。最終行の「3.当期純利益」は、ヤスベエ主事のポケットマネーになります。

ハルカ案の損益計算書とデラックス案の損益計算書の「差額」を、〔図表8-2〕の右端で計算しています。

売上高（接待交際収入）の差額は¶5 0円ですから、売上高に関しては、ハルカ案とデラックス案のどちらを選択しても、ヤスベエ主事に「お得感」はありません。

その下にある総コストの差額を見ると、Mrs.デラックス部長とゴルフをするほうが、¶6 20,000円も節約することができます。売上高の面では、どちらとゴルフをしようが「お得感」はありません。ところが、コストの面では、デラックス案のほうが「20,000円もお得だ」という結論を得ることができます。〔図表8-2〕の右下にある¶7 ▲20,000円は、ハルカ案の当期純利益¶2 10,000円とデラックス案の当期純利益¶4 30,000円の差であるとともに、売上高の差額¶5 0円と総コストの合計の差額¶6 20,000円の差でもあります。

これらを考慮してもやはり、Mrs.デラックス部長とゴルフをするほうが、

ヤスベエ主事にとっては「20,000円もお得だ」という結論になります。
「う〜ん、う〜ん」
どうかしましたか、ヤスベエ主事。

👉 埋没費用は「もったいない」の思想の表われ

ところで、ヤスベエ主事がすでに購入した特製ドライバー『飛べ飛べ天まで』——ではなくて、『To Be To Be Ten Made』の購入代金100万円を、「埋没費用」といいます。「すでに支出が確定し、将来、どのような案を採用しようとも回避することができないコスト」をいいます。

特製ドライバーはすでに買ってしまっているのですから、これ以上の出費はありません。ハルカ係長と Mrs. デラックス部長のどちらとゴルフをしようとも（たとえ、どちらとゴルフをしなくても）、100万円の支出はすでに終わっているのですから、〔図表8-2〕では考慮されないコストになります。これが埋没費用です。

すでに支出した土地や建物の取得価額は、埋没費用の典型です。

埋没費用は、過去の支出に限られません。将来にわたって支出が行なわれるリース料も、埋没費用になります。リース会社とすでに契約を交わしてしまっていて、それが途中解約不能のリース契約であるならば。

埋没費用は、至る所に潜んでいます。例えば、株式の含み損。売るに売れなくて塩漬けにしているのは、埋没費用の呪縛（じゅばく）から逃れられないからです。

例えば、研究開発費。「ここで研究を断念してしまっては、いままで蓄積してきたデータや資金が無駄になる」と考えて、本部に追加予算を求めるのは、埋没費用の呪縛から逃れられないからです。

エリカさん、これらの根底にある思想は何だか、わかりますか。
「『もったいない』ですね」
その通り。それが埋没費用の本質です。

👉 当期純利益を機会費用と呼ぶ不思議

〔図表8-2〕の右端にある差額で判断すると、ヤスベエ主事は、Mrs. デラッ

クス部長と一緒に、おやま遊園地へ行くのが望ましいということになります。なぜなら、ハルカ係長と軽井沢へ行くよりも、20,000円だけ、ヤスベエ主事のフトコロが潤うからです。
「う〜ん、う〜ん」
　このとき比較の対象となったハルカ案の当期純利益[12]10,000円を「機会費用」といいます。〔図表8-2〕における機会費用は、デラックス案を選択した結果、その反射として却下されるハルカ案の当期純利益[12]10,000円のことを指します。
　それぞれの案が生み出す当期純利益を、機会「費用」と呼ぶのも不思議な話です。これは財務会計の世界の話ではなく、管理会計独特の概念である点に注意してください。
　ヤスベエ主事がデラックス案を選択すると、〔図表8-2〕にある[12]10,000円の機会費用を発生させることになります。その代わり20,000円の「お得感」が生じます。
　ここでいう「お得感20,000円」とは、〔図表8-2〕にある[17]▲20,000円のこと。プラスとマイナスの使い分けに注意してください。

👉 会計に「勘定」はあっても「感情」はない

　もう一つ注意してほしいのは、〔図表8-2〕にあるデラックス案の当期純利益が[14]30,000円になっているからといって、「30,000円のお得感がある」と判断してはいけない点です。
「タカダ先生のいうように、Mrs.デラックス部長とゴルフをするほうが、20,000円のお得感があることはわかるのですが……」
　ヤスベエ主事としては、心に何か引っかかるものがあるのでしょう。会計には「勘定」はあっても、「感情」がないですから。
　ヤスベエ主事の感情としては、ハルカ係長とゴルフをしたい、ということなのでしょう。
「その通りです！」
　エリカ会長が両手を広げて、やれやれ、という表情を見せました。「後で

どうなっても知らないわよ」という意味がこめられているようにも読み取れました。

ヤスベエ主事は結局、「勘定」よりも「感情」を優先して、ハルカ係長と一緒に軽井沢へ行って、ゴルフをすることに決めたようです。接待ゴルフに徹するという話は、どこへやら。

ヤスベエ主事は、〔図表8-2〕のハルカ案を採用することにより、デラックス案の当期純利益¶14 30,000円に相当する機会費用を発生させ、差し引き¶17 ▲20,000円の損失を甘んじて受け入れることに決めました。この▲20,000円を「機会損失」といいます。

デラックス案を選択すれば20,000円の「お得感」。ハルカ案を選択すれば20,000円の「機会損失」。

お得感と機会損失は、相手の当期純利益を「機会費用」と見ることによって表裏一体をなす、というのが、これらの用語を使いこなすにあたってのポイントです。

☞ 逸失利益（得べかりし利益）と損害賠償

今回の例は、20,000円の差で収まっているから、いいようなもの。

これが積もり積もって、巨額の機会損失に耐えられなくなったとき、人が新たに選ぶ案が、破局であり離婚になります。

機会費用・機会損失などの概念が登場したついでに、法律用語にある「逸失利益」という概念も説明しておきます。「得べかりし利益」ともいいます。

例えば、交通事故に巻き込まれて身体に障害が残り、生活収入が減ってしまった場合、本来得られるべき収入と、現在の生活収入との差が、逸失利益になります。これは機会損失に相当します。

加害者に対して請求する損害賠償金は、事故に伴う治療費のほか、逸失利益（機会損失）の埋め合わせを求めるものです。これを定めているのが、民法710条です。

ビジネスの世界ではときどき、「販売機会を失った」「収益機会を逃した」と悔しがる場面に遭遇することがあります。これらは、機会損失が発生して

いることを意味します。

☞ もう一つの埋没費用

　いまの説明は、〔図表8-2〕の最終行にある当期純利益を用いて、機会費用と機会損失を説明しました。もう一つの方法として、〔図表8-2〕の「2.総コスト」を用いて、機会損失やお得感を判断することもできます。

　注目すべき点は、〔図表8-2〕の売上高にある [11]100,000円と [13]100,000円です。

　ヤスベエ主事は、ハルカ案とデラックス案のどちらかを選ぼうとしていました。「どちらも選ばない」という不作為の案は、このケースでは存在しません。したがって、〔図表8-2〕の売上高にある [11]100,000円と [13]100,000円は、埋没費用になるのです。

「売上高が、埋没費用になるの？」

　エリカ会長が、右手の人差し指をアゴにあてて、思案する表情を見せました。

　どちらの案を採用しようとも、10万円は確実にフトコロに入ってくるのですから、この収入は「埋没する」ことになります。これも管理会計独特の考えかたです。

第9話 「経済学の利潤」と「会計の利益」は違うの？

☞ 右手の人差し指をアゴにあてる男

　いま視聴してもらった研修用DVD『ホリーホック一族の管理会計』は、機会損失などの概念を、ドラマ仕立てでわかりやすく解説したものでした。
「これがドラマですか。『お嬢』と呼ばれる女子高校生なんて、役者顔負けの演技力ですね」
　ゴシラカワ係長が、右手の人差し指をアゴにあてて、感嘆の表情を見せました。
「エリカ会長というのは、オーディションで選んだんすか？」
「自然な演技ですよね」
　ヨシツネくんも、お目が高い。あの女子高校生が気になりましたか？
「そういうわけではないのですけど……」
　お互い高校生ですから、シンパシーを感じるものがあるのでしょう。
「いえ、僕は機会費用の考えかたに、びっくりしただけです。管理会計も随分と大胆な発想を捻り出す学問なんですね」
　大胆といえば大胆な話なのですが、管理会計という分野が独自に発展させたものではありません。ルーツを辿ると、経済学に行き着きます。

☞ 管理会計は学際的研究の賜物

　2種類以上の学問が互いに影響し合うことを「学際的研究」といいます。
　管理会計は経済学（特に寡占理論や独占的競争）から、数多くのノウハウを拝借しているので、学際的研究の一つだといえるでしょう。
「寡占理論？　独占的競争？」
『マンキュー経済学Ⅰミクロ編』（東洋経済新報社）481ページを参照すると、寡占については「ほんの少数の売り手が類似あるいは同一の製品を提供する市場構造」と定義しています。スマートフォンを扱う通信業界を想定してみ

てください。

　独占的競争については、「類似しているが同質ではない製品を多くの企業が販売している市場構造」と上掲書では定義しています。家電製品を扱うメーカーを想定してみてください。

　近年のノーベル経済学賞は、情報経済学・行動経済学・環境経済学などの学際的研究が、受賞対象となっています。いずれは、管理会計を融合させた会計経済学といった学際が、受賞するかもしれません。

　それはさておき、機会費用や機会損失などの概念は、もともとは経済学から生まれたものです。管理会計を一通り学んだ後は、できれば経済学も学んでみてください。

　ただし、そのとき十分に注意してほしいのが、経済学で必ず登場する「利潤」という概念です。ここで躓くと、機会費用などへの理解が頓挫してしまいます。

「利潤と利益、なんとなく似ていますね」

　ヨシツネくんの発言に、ベンケイ次長が、うんうんと頷きました。

　もう少し掘り下げて説明しましょう。

☞「損したなぁ」「得したなぁ」を分ける基準

　利潤は正と負に分かれ、特に「負の利潤」が「機会損失」に該当します。

「そうなると、『正の利潤』は、『お得感』ですかな」

　正解です、ベンケイ次長。

　経済学の教科書を開くと、「機会損失」や「お得感」といった表現ではなく、「負の利潤」や「正の利潤」として説明されています。難解な経済学書を開くと、「正の利潤」のことを、「超過利潤」や「レント rent」と呼んだりしています。

　通常、経済学で「利潤」という場合は、「正の利潤」のことをいう、と覚えておいてください。

「む、むずかしい……」

　ゴシラカワ係長、そのようなことはありませんよ。

　利潤は、第23話でも登場する重要な概念です。ここでしっかりとマスター

しておきましょう。
「そうさ、難しくなんかないぜ。なぜなら、利潤やレントという表現を見かけたら『そいつは、お得だ』と考えればいいのだから」
「じゃあ、利潤がマイナスの場合は『損したなぁ』と考えればいいんですかね」
　その通りです、ゴシラカワ係長。
　いままでの説明を〔図表9-1〕でまとめておきます。

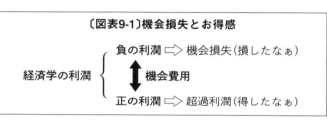

「損したなぁ」や「得したなぁ」という気分を分ける基準となるのが、〔図表9-1〕の中段にある機会費用です。

☞ 数百年先の近未来小説

「お得感と当期純利益とは、同じものだと思っていました」
　ヨシツネくんの疑問は、もっともです。しかし、両者は微妙に異なります。
　例えば、化石燃料を用いた火力発電事業を営む「会津磐梯電力」と、高速増殖炉で原発事業を営む「長州巌流電力」に置き換えて説明します。これら2社以外に、発電事業を営む会社は存在しないものと仮定します。
「近未来小説の話だと理解すればいいのですね」
「高速増殖炉ともなると、数百年先だなぁ」
　2社の当期純利益が、会津磐梯電力は50億円、長州巌流電力は150億円だとします。ポイントは次の2つ。
　1つめは、会津磐梯電力にとって、長州巌流電力の当期純利益150億円は、機会費用であること。
　2つめは、会津磐梯電力にとって、2社の当期純利益の差額100億円は、機会損失（負の利潤）になること。会津磐梯電力が、原発事業に進出してい

ないために発生するものです。
「長州巌流電力の立場からすれば、100億円のお得感（正の利潤）があるということですか」
　その通りです。
　火力発電事業を営む会津磐梯電力の立場になってみましょう。
　同社にしてみれば、毎年100億円の機会損失を発生させていることになります。それにもかかわらず、会津磐梯電力が火力発電事業だけを行なっている状態を、経済学では「短期均衡」といいます。
　もし、原発事業への参入に、技術力や許認可などの障壁がない場合、ヨシツネくん、どうなると思いますか。
「会津磐梯電力としては、原発事業へ進出したいでしょう」
　それが〔図表6-2〕の第四原理にあった「インセンティブ（動機づけ）」です。ここまでの説明でようやく、四大原理のそろい踏みとなりました。

🖙 スマートフォン搭載の超小型原子炉

　会津磐梯電力が一念発起して、原発事業へ参入したとしましょう。2社間で競争が起きます。
　やがて、会津磐梯電力の機会損失は消失し、長州巌流電力のお得感も消失します。これが経済学でいう「長期均衡」であり、2社の利潤はどちらもゼロとなります。
　ただし、利潤がゼロであっても、損益計算書上の当期純利益は、両社とも黒字決算を確保しているはず。これが、利潤と利益の違いです。
　利潤がゼロの状態になるのは、両社の製品やサービスに差がないからです。逆に、差があるものを「製品差別化」といいます。
　製品差別化がある場合、利潤はゼロになりません。例えば、会津磐梯電力が原発事業に参入したとしても、それがスマートフォンに搭載する超小型原子炉であるとします。長州巌流電力のほうは超弩級の高速増殖炉を運営管理し、地球連邦政府や月面基地の電力需要を一手に引き受けているとします。
「近未来小説といえども、奇想天外な話ですな」

こうした場合、両社の原発事業は、製品差別化が図られているため、利潤はゼロになりません。どちらかにお得感が発生し、もう一方に機会損失が発生することになります。

　私が管理会計や経済学を初めて学んだとき、「利潤がゼロになるとは、どういうことなのだろう」と不思議に思ったものでした。利潤がゼロであれば、当期純利益もゼロになるはずだ、と単純に思い込んでしまったからです。

　経済学と管理会計の双方を学ぶにつれて、「会計の利益」と「経済学の利潤」とは異なる概念なのだ、と理解するに至りました。そう気づくまでに、かなりの時間を要してしまったのは、会計と経済学の学際的研究がほとんど行なわれていないからです。

　第22話で説明するように、経済学は会計を見下しているし、会計は経済学に恐れおののいて、遠巻きに避けている。それが、学ぶ者を混乱させているようです。

☞ 管理会計や経済学が抱える弱点

　ヨシツネくんが「はい、質問があります」と手を挙げました。
「タカダ先生は『利潤はゼロ』と簡単にいいますが、そもそも、お得感や機会損失を、実際に測定することはできるのですか？　具体的に実証できなければ、こうした話に意味はないと思います」

　さすが御曹司。

　会計や経済学の最大の難点は、これらの理論を振りかざす人たちが、上場企業の有価証券報告書などを用いた実証を行なわず、象牙の塔に籠もり、孫引きや模倣を繰り返している点にあります。

「有価証券報告書って？」

　ディスクロージャー制度を支える書類の一つであり、貸借対照表や損益計算書の他、様々な経営情報が掲載されています。ただし、有価証券報告書は速報性に乏しいため、決算短信というものが別途開示されます。

　ところで、先ほどの話は、会津磐梯電力と長州巌流電力の2社しか存在しないと仮定したことから、機会費用を測定することができました。

機会費用は世の中に無数にあるので、機会費用を実際に測定するのは不可能です。会津磐梯電力は、原発事業にこだわらず、自動車業界や流通業界に殴り込みをかけてもいいのですから。機会費用の対象は、あらゆる業界に対して、無限に存在することになります。
　しかし、それでは機会費用の測定が、事実上不可能。ひいては、お得感や機会損失を測定することも、現実問題として不可能なのです。

☞ 実証が不可能なものを「一般的な目安」で誤魔化す

　そこで、しばしば用いられるのが「一般的な目安」です。
　〔図表5-2〕で紹介した自己資本利益率ROEについて、その目安は二桁（10％）以上が望ましい、と一般的には信じられています。
　例えば、ROEの目安を10％としましょう。この値が、業界に属する企業にとっての、一般的な機会費用の目安だとします。
　もし、火力発電事業だけを営む会津磐梯電力のROEが8％である場合、2ポイント（＝10％－8％）の機会損失が、同社に発生していることになります。この場合、会津磐梯電力は〔図表6-2〕の第一原理に従い、最低でも2種類の選択肢があります。
　1つめは、ROEを10％にすることを目指して、原発事業に参入すること。
　2つめは、〔図表6-2〕の第四原理にあるインセンティブが尽き果てた、ということで、電力事業そのものから撤退することです。
　ROEが8％というプラスを維持していても、一般的な目安である10％を上回ることができないのであれば、事業から撤退し、会社を解散して株主へキャッシュを分配するほうが、マシな場合があります。
　低いROEを放置したまま、多額の現金預金を保有している上場企業に対して、「物言う株主」たちが「配当として還元しろ」と脅すケースを、ときどき見かけます。あれは、損益計算書上の当期純利益は黒字であっても、利潤がマイナスであることを、嗅覚鋭いハゲタカファンドなどが見抜いているからです。

👉 一犬虚に吠ゆれば万犬実を伝う

　ROEを目安とするとき、「一般的に〜とされる」という表現を用いる人たちがいます。これは、クセ者ですから注意が必要です。
「一般的に〜とされる」は、多くのメディアが好んで用いる常套句であり、次のように、いくつかの含意があります。
　1つめは、「私自身は検証していません」という意。
　2つめは、「とりあえず他人の尻馬に乗る」という意。
　3つめは、「間違っていた場合、私に責任はありません」という意。
「一般的に〜とされる」という表現は、「おいしいとこどり」の逃げ口上なのです。
　似たような表現に「関係者の話によると〜」というのもあります。新聞の解説記事やテレビの情報番組などで、好んで用いられる常套句です。
　では、ROEの一般的な目安に関して、それを具体的に論証した学術論文や書籍は存在するのでしょうか。残念ながら、寡聞にして知りません。
「ROEは10％が合格ラインである」というのは、理論面でも実証面でも何ら根拠がないにもかかわらず、人づてに伝わっていくうちに、いつのまにか「真実」に転化してしまったようです。
　これを個人的には「一虚万実」という造語で呼んでいます。語源は「一犬虚に吠ゆれば万犬実を伝う」にあります。

第10話　ROEやROAに一般的な目安はあるのか

☞ 推理小説はここで伏線を回収する

　四大原理を一通り紹介したので、これを利用して伏線を一本、回収しておきます。
「今度は、推理小説仕立てですな」
　ベンケイ次長ほどの豪力無双ではありませんが、ROEとROAの共謀関係くらいは、ねじ伏せることができます。
　まずは〔図表5-2〕と〔図表5-3〕を以下に再掲して、ROEとROAの復習から始めます。

〔図表10-1〕自己資本利益率ROE

$$\left(\begin{array}{c}\text{自己資本利益率}\\\text{ROE}\end{array}\right) = \frac{\text{当期純利益}}{\text{自己資本}}$$

〔図表10-2〕総資本利益率ROA

$$\left(\begin{array}{c}\text{総資本利益率}\\\text{ROA}\end{array}\right) = \frac{\text{当期純利益}}{\text{総資本}}$$

　管理会計を学ぶにあたって最良の参考資料は、自社の決算数値を使うことです。
　八幡タロー製作所の損益計算書にある当期純利益を、貸借対照表の自己資本で割れば、〔図表10-1〕のROEを計算することができます。
　損益計算書の当期純利益を、貸借対照表の総資本で割れば、〔図表10-2〕のROAを計算することができます。
　自己資本と総資本の使い分けを知っていれば、財務会計の範囲で解決できる計算問題です。

👉 デュポン方式を再び

　管理会計は、〔図表10-1〕のROEの奥にあるものを、どう解釈するかに関心があります。〔図表5-4〕のデュポン方式の④式を〔図表10-3〕に再掲して確認します。

〔図表10-3〕デュポン方式のROE

$$\begin{pmatrix} 自己資本利益率 \\ ROE \end{pmatrix} = \begin{pmatrix} 売上高 \\ 利益率 \end{pmatrix} \times \begin{pmatrix} 総資本 \\ 回転率 \end{pmatrix} \times \begin{pmatrix} 財務 \\ レバレッジ \end{pmatrix}$$

　検討すべきポイントは次の通り。

〔図表10-4〕ROEとROAで検討すべき課題
① ROEとROAは、〔図表10-3〕の中で、どう関係しているのか。
② 流通業と製造業とを、同等に評価できるのか。
③ 安定した利益が見込まれる企業と、リスクを取りにいく企業とを、同等に評価できるのか。

👉 知能テストで頭を抱える男

〔図表10-4〕①にあるROEについて。
　これは〔図表10-5〕のように展開できます。

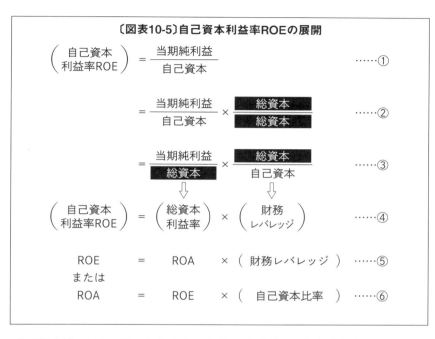

　〔図表10-3〕のデュポン方式では、右辺の要素が3つありました。
　一方、〔図表10-5〕②式では、右辺を2つの要素にとどめています。以下、③式から④式を経て⑤式まで整理すると、この⑤式はROEとROAの関係を表わすことになります。
　〔図表4-5〕によれば、財務レバレッジと自己資本比率（純資産比率）との間には、逆数の関係がありました。これを利用すると、〔図表10-5〕⑤式は、〔図表10-5〕⑥式に改変することができます。
　〔図表10-5〕⑤式ではその左辺がROEであるのに対し、〔図表10-5〕⑥式ではその左辺がROAに置き換わっている点に注意して、2本の式を見比べてください。
「む、むずかしい……」
　ゴシラカワ係長がそう呟いて、テーブルに突っ伏してしまいました。
　〔図表10-5〕⑥式の背後にあるのは、分数の割り算ですから、難しいかもし

れないですね。
「係長は明日、『知能テスト』があるそうだから、頭の体操として取り組んでみるといいんじゃないですか」
「御曹司、冗談がキツイっすよ」

☞ 二番手では駄目なんです

　ROEとROAの違いは何か。それは〔図表10-5〕⑤式を見ればわかる通り、財務レバレッジにあります。これが変化しなければ、ROEとROAは完全な比例関係になります。

　では、何が財務レバレッジを変化させるのか。

　第5話では、流通業界は薄利多売であり、製造業は厚利少売だと説明しました。両者は一見したところ、似て非なるもの。

　しかし、ニッポンの上場企業をじっくり観察すると、両者には共通するものがあります。需要を確実に見込むことができ、安定した利益を稼ぐ企業が多い、という共通項です。

「悪くいえば、創造や革新を忘れて、現状に胡座をかいているということですね」

「御曹司――！」

　まぁまぁ、いいじゃないですか、それが事実なんだし。

　その共通項に着目した場合、流通業や製造業といった属性は、無色透明と化します。この場合に重要な経営戦略は、市場シェアをいち早く獲得することにあります。二番手では駄目なのです。

☞ キーワードは資金力

　そこで重要なキーワードとなるのが、資金力です。

　自己資本（純資産）は、毎年の当期純利益を積み上げて増えていくもの。そう簡単には増加しません。

　そこで頼るのが、銀行借入金などの他人資本です。日頃から金融機関との間で良好な関係を築いていれば、資金調達で難渋することはありません。他

人資本を増やすことは、財務レバレッジを上昇させ、ROAの伸び率以上にROEを上昇させる効果があります。

　コンビニエンスストアや、ドラッグストアなどに代表される流通業を想像してみてください。一定の商圏で一定の消費が見込まれる場合、出店競争で他社に先んじるためには、自己資本の蓄積を待っていたのでは間に合いません。他人資本を大いに活用するのです。

　重厚長大型の製造業でも同じです。「売れる！」となれば、銀行に駆け込んで資金を調達するに限ります。その結果、どこの企業も同じ生産設備を導入するので、似たり寄ったりの製品が市場に溢れかえることになるのですが。

　その善し悪しはともかく、安定した需要が見込まれるビジネスモデルを採用している場合は、他人資本を増やしたほうがいい。これは財務レバレッジを上昇させるため、ROA以上に、ROEを上昇させることになります。

　胡座をかいていても安定した需要が見込める企業にとって、ROEは都合のいい指標だということです。

☞ 自動車業界や電機業界は、ダメ産業なのか

　ところが、そうは問屋が卸さない業界があります。

　上場企業について、自己資本比率のランキング表を作成すると、その上位には製薬会社がずらりと並びます。銀行借入金などの他人資本をほとんど抱えていないからです。

　では、製薬会社は、すべての産業の中で最も優れているのでしょうか。ニッポンを代表する自動車業界や電機業界は、ダメ産業なのでしょうか。

　電力業界や鉄道業界は数兆円にのぼる借金を抱えています。こうした業界は「超サイテー」なのでしょうか。

　そうではないでしょう。

　自己資本比率やDEレシオについて彼我の差があるのは、それぞれの業界が抱えるリスクに違いがあるからです。

　新薬開発で製品化できるのは、数万件・数十万件の研究のうち五本の指にも満たない、といわれています。成功するかどうかは（失礼な表現を許して

もらうならば）バクチのようなもの。たとえ新薬開発に成功したとしても、そこから特許を得るまでに、さらに長い歳月を要します。

こうした経営リスクの大きい研究開発に投入する資金は、銀行借入金などの他人資本で調達してはいけません。自己資本で対応するのがファイナンス戦略の基本です。そのために、新薬開発メーカーなどでは、無借金経営が大前提となるのです。

それに対し、鉄道や電力は、確実な需要を予測することができます。経営リスクの小さいビジネスであることから、他人資本に比重を置いて規模の最大化を追求することが、重要な経営戦略になります。

👉 リスクを取りにいくか、シッポを巻いて逃げるか

身近な例として、株式投資やFX[①]投資を想像してみてください。

運用リスクのある株式投資などは、ポケットマネー（自己資金）で行なうのが鉄則です。含み損を抱えても、諦めがつく――。銀行からの借入金で、株式投資などを行なうものではありません。

もし、目論見が外れて株価が暴落し、含み損を抱えた場合、銀行は借入金の元金を棒引きしてくれるでしょうか。あいにく銀行はそこまでの便宜を図ってくれず、連帯保証人とともにガン首そろえて返済できなければ、自己破産への道を進むのみです。

国債のように運用リスクが小さいものへの投資はどうでしょうか。これは銀行から借りまくるのが望ましい。ただし、借入金の支払利息は、国債の受取利息を上回るのが常ですから、こうした「逆ざや投資」には、第四原理のインセンティブが働きません。

👉 ROEだ、御用改メである

運用リスクの大きい株式投資であっても、インサイダー情報などを不正に入手し、値上がりが確実に見込まれるときは、どうするか。カネを借りまく

【参考資料】
① Foreign eXchange　外国為替証拠金取引

って、株を買い集めるのが必勝法です。

　ただし、それは天下の御政道に反する行為。金融商品取引法などによって、たちまち「御用、御用！」となるのでご注意を。

　また、20世紀の終わりに沸騰した不動産バブルのときのように、まわりが行け行けドンドン状態にあるときは、借金を重ねて土地やマンションを買い漁るビジネス・モデルが有効です。

　ただし、これもバブルが弾けたときに、自己破産した投資家が多かった。株式や不動産への「投機」は、リスクが高いビジネスだということです。

「そうはいっても、ROEやROAそれぞれに目安はないのですか？」

　ヨシツネくんの質問は、多くの人が知りたいところ。

　リスクのあるビジネスと、リスクのないビジネスとを分けるところから始めないと、目安を見つけるのは難しいでしょうね。

　リスクの高いビジネスでは、自己資本比率を高める努力をしたほうがいいので、〔図表10-5〕⑥式のROAを経営指標として採用し、その目安を探したほうがいいことになります。

　裏を返せば、ニッポンの上場企業の多くは成熟（老成？）しているため、リスクを取りにいくよりも、安定志向になりがち。経済産業省がROEを推奨し、上場企業の多くがROEに群がるのは、自らが現在の地位にあるうちは大過なく過ごしたいからなのでしょう。

☞別室で補足説明を　〜インサイダー情報と風説の流布〜

　インサイダー情報は「内部者取引」とも呼ばれ、いまだ外部には公表されていない情報に基づいて、上場企業の株式を買ったり売ったりすることをいいます。

　これと似たものに「風説の流布」があります。上場企業の株価を変動させることを目的として、嘘の情報を流すことをいいます。

　インサイダー情報も風説の流布も、金融商品取引法で禁止されています。それでも、ときどき新聞紙上を賑わせる事件が起きるのは、「儲けたい！」というインセンティブが強く働くからです。

第四原理のインセンティブは、カネ儲けに限られません。名誉欲や嫉妬でも強く働きます。
「男は才能に嫉妬し、女は美人に嫉妬する、ということですかな」
　ベンケイ次長、それは言い過ぎです。一歩間違えば問題発言になりかねません。
　ただし、嫉妬の活用事例については、第一原理（トレードオフ関係）との合わせ技により、第18話で説明します。

第三幕

売上高とコストと利益の三角関係

第三幕のあらまし

◆ 管理会計では、変動費、固定費、限界利益という概念を駆使します。これらを活用する手法として、損益分岐点分析（またはCVP分析）があります。

◆ 変動費と固定費とに分解する方法を固変分解といい、これには勘定科目法と費目別精査法があります。

◆ 限界利益や損益分岐点売上高のカラクリを、「舌切り雀」の昔話で解説します。

◆ 損益分岐点に1日でも早く到達するほうが優れているのか。それとも、12か月決算を終えて、トータルで黒字が確保されていれば、そのほうが優れているのか。その是非を問います。

◆ 2種類以上の製品を生産する場合、限界利益率の高い製品のほうを優先すべきなのか。1個あたりの利益が多い製品のほうを優先すべきなのか。その是非も問います。

◆ 「限界利益で固定費を回収する」とは、どういう意味か。これを理解すれば、損益分岐点は自家薬籠中の物となります。

第11話　損益分岐点（CVP分析）事始め

☞ 血の気の多い男

「て、てぇへんだぁ、ベンケイ次長！」
　八幡タロー製作所のゴシラカワ係長が、息せき切って研修用の会議室に駆け込んできました。
「騒々しいヤツだな。どうしたんだ？」
「昨日受けた『知能テスト』の結果が悪かったんですか？」
「いやだなぁ、御曹司。あれは『知能』ではなくて、『血の』検査だったんすよ」
「うぐっ……」
「おいおい、おとといの研修会で、係長が『明日は知能テストだ』と騒いで、九九をそらんじ始めたから、御曹司が心配したんだろうが」
「いやぁ、すまんこって」
　ゴシラカワ係長って、みやこ出身だと聞いたのですが、いろんな言葉が混ざっていますね。
「細かいところを気にしないのが、江戸っ子でさぁ。一度でいいから啖呵を切って、話の冒頭で現われたかったんすよ」
　今後も同じパターンが繰り返されそうな予感がします。

☞ 単純なものこそ美しい

　それでは、ゴシラカワ係長の快気祝いに、フルスロットルで研修を行ないましょう。
　会計には、財務会計と管理会計がありました。そのうち財務会計は、株主や債権者への情報開示（ディスクロージャー）と、他社との業績比較を目的としていました。
　管理会計は、財務会計とは異なる目的があります。主なものを列挙すると、〔図表11-1〕の通り。

> 〔図表11-1〕管理会計の目的
> ①業績予想と予算編成
> ②コスト削減の目標策定
> ③付加価値と生産性の測定

「ROE や ROA は使えないのですか？」

使えないことを、これから説明します。そのために、損益計算書の組替えを行ないます。

「なんだか難しそうですね」

そんなことはありません。

管理会計で用いる損益計算書は、コストを、変動費と固定費の２種類に分類するだけです。単純なものこそ、美しい。

☞ 売上高を基準に変動費と固定費に分解する

まず、変動費から説明しましょう。これは売上高の増減に比例するコストです。例えば、材料仕入高や商品仕入高、さらには、外注費や販売促進費など。売上高がゼロであれば、材料仕入高や外注費などはゼロになります。これが変動費の特徴です。

固定費は、売上高の増減に比例しないコストです。例えば、役員報酬やリース料など。売上高がゼロであっても、リース料などは、毎月支払わなければならないコストです。

このように売上高を基準にして、変動費と固定費に分ける方法を、固変分解といいます。

「科目ごとに一つひとつ判断しながら、固変分解を行なうとなると、大変な作業だなぁ」

その手間を省く方法を紹介しましょう。

中小企業庁のウェブサイト「中小企業の BCP[①] 策定運用指針／直接原価

【参考資料】
① Business Continuity Plan　事業継続計画

方式」にアクセスすると、勘定科目ごとに固定費と変動費に分解する方法を、次のように例示しています。

〔図表11-2〕勘定科目法による固変分解

固定費

直接労務費、間接労務費、福利厚生費、減価償却費、賃借料、保険料、修繕料、水道光熱費、旅費、交通費、その他製造経費、販売員給料手当、通信費、支払運賃、荷造費、消耗品費、広告費、宣伝費、交際・接待費、その他販売費、役員給料手当、事務員（管理部門）・販売員給料手当、支払利息、割引料、従業員教育費、租税公課、研究開発費、その他管理費

変動費

直接材料費、買入部品費、外注費、間接材料費、その他直接経費、重油等燃料費、当期製品仕入原価、当期製品棚卸高、期末製品棚卸高、酒税

〔図表11-2〕は、製品別の分類（材料費や経費など）を、売上高別の分類（変動費や固定費）に振り分けたものです。

☞ 固変分解には2種類ある

〔図表11-2〕は、勘定科目ごとに固定費と変動費とに分類していることから、「勘定科目法による固変分解」、略して「勘定科目法」といいます。

この方法で気をつけたいのは、例えば〔図表11-2〕の上段に掲載されている水道光熱費。その100％が固定費に分類されており、これではあまりにアバウトすぎる。

そこで、水道光熱費のうち、変動費を10％とし、固定費を90％として振り分ける固変分解の方法もあります。費目ごとに精査して、変動費と固定費を振り分けることから、これを「費目別精査法による固変分解」、略して「費目別精査法」といいます。

ニッポンで普及している会計システムは、そのほとんどで費目別精査法が採用されています。

👉 固変分解は会計不正の温床

「人によっては、10％と90％ではなく、30％と70％で振り分けるべきだ、と主張するケースもありそうですね」
「振り分けに関する、一般的なルールはあるのですか？」
　残念ながら、ありません。各社の裁量に委ねられます。固変分解は、恣意性100％の産物なのです。
「それって、会計不正に繋がるじゃないですか！」
　ですから、次に紹介する〔図表11-4〕の様式は、外部に開示してはならないことになっています。管理会計が、"Non-GAAP"とされる一端を、固変分解に見ることができます。
「みんなの意見が分かれて、これではいつまで経っても、変動費と固定費とに分類できないですね」
　ベテラン社員になるほど娑婆のシガラミに縛られるので、収拾がつかなくなる可能性があります。会社によっては固変分解の振り分けを「けがれを知らぬ新入社員」にやらせているケースもあります。
「ゴシラカワ係長は、煩悩がネクタイを締めてるようなものだから、固変分解は任せられねぇな」
「ベンケイ次長だって、頑固が高下駄を履いてるようなものだから、無理ですよ」
「なんだとぉ～」
　やれやれ――。

👉 管理会計用の不思議な損益計算書

　〔図表2-9〕にあった損益計算書を〔図表11-3〕に再掲します。ここにあるコストを、〔図表11-2〕を参照しながら固変分解すると、〔図表11-4〕にある「管理会計用の損益計算書」ができあがると想定します。

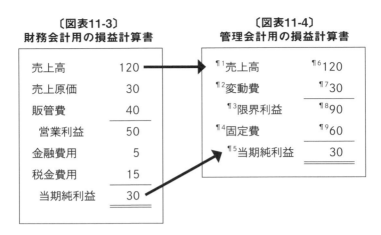

〔図表11-3〕と〔図表11-4〕を比較すると、次の特徴を挙げることができます。

1つめは、〔図表11-4〕では ¶1売上高から ¶2変動費を差し引いたものを、¶3限界利益としていることです。馴染みのない用語です。"Marginal Profit" を直訳したものなので、このまま覚えてください。

2つめは、売上高がゼロの場合、〔図表11-3〕にある営業利益や当期純利益が、ゼロになるのか、マイナスになるのか、プラスを維持するのかが不明な点です。それに対し〔図表11-4〕では、それらを明らかにすることができます。

「売上高がゼロであれば、営業利益も当期純利益も、ともにゼロになるのでは？」

そう単純な話ではありません。順序立てて説明しましょう。

売上高がゼロであれば変動費と限界利益もゼロになる

〔図表11-4〕によれば、¶1売上高をゼロとした場合、¶3限界利益もゼロになるのは明らかです。なぜなら、¶1売上高がゼロのときは、その下にある ¶2変動費もゼロになるから。

したがって、両者の差額である ¶3限界利益もゼロになるのです。重要なのは、変動費と限界利益は、売上高に比例して増減するのだ、という点です。

〔図表11-4〕にある[12]変動費[17]30を、[11]売上高[16]120で割ると0.25。すなわち、変動費は0.25の割合で、売上高と比例することがわかります。この値を「変動費率」といいます。

また、[13]限界利益[18]90を[11]売上高[16]120で割った限界利益率は0.75の値になります。これらを式で表わすと〔図表11-5〕と〔図表11-6〕になります。

〔図表11-5〕変動費率

$$変動費率 = \frac{変動費30}{売上高120} = 0.25$$

〔図表11-6〕限界利益率

$$限界利益率 = \frac{限界利益90}{売上高120} = 0.75$$

変動費と限界利益は売上高に比例するので、変動費率と限界利益率を足し合わせたものは必ず「1.0」になることを確認しておきます。

☞ 当期純利益を九九で計算する男

〔図表11-4〕では、[14]固定費[19]60が計上されています。

限界利益がゼロの場合、このゼロから固定費60を差し引くと、〔図表11-4〕にある[15]当期純利益は、▲60の赤字となることがわかります。

以上の計算過程をもとに、先ほどの質問に戻ります。

〔図表11-3〕にある売上高がゼロである場合、〔図表11-3〕の最終行にある当期純利益はいくらになるでしょうか。

「〔図表11-4〕の[15]当期純利益が▲60になるのだから、〔図表11-3〕の当期純利益も▲60になるんですね。なるほどぉ〜」

ゴシラカワ係長が感嘆の声を上げました。

「さすが、九九を暗記しただけのことはありますね」

「御曹司、それは勘弁してくださいよ」

☞ 赤字から黒字へ転換すると明日が見える

　いまの説明から、ある現象が浮かび上がります。

　売上高がゼロのときの当期純利益は、▲60の赤字でした。また、売上高が120のときの当期純利益は、30の黒字になります。

　そうなると、売上高がゼロから120まで増加する途中で、赤字から黒字に転じる「点」があることになります。

　この点を「損益分岐点」といい、このときの売上高を「損益分岐点売上高」といいます。その公式は〔図表11-7〕で表わされます。

$$\left(\begin{array}{c}損益分岐点\\売上高\end{array}\right) = \frac{固定費}{1-変動費率}$$

〔図表11-7〕損益分岐点売上高

〔図表11-4〕では、変動費率は0.25でした。したがって、〔図表11-7〕の分母は、（1－変動費率0.25）＝0.75。〔図表11-7〕の分子（固定費）を60とすると、損益分岐点売上高は、〔図表11-8〕の通り80になります。

$$\left(\begin{array}{c}損益分岐点\\売上高\end{array}\right) = \frac{固定費60}{1-変動費率0.25} = 80$$

〔図表11-8〕損益分岐点売上高

「ちょ、ちょっと待って。〔図表11-7〕の公式は、どうやって導き出されるのですか」

　式だけを追いかけてはギブアップしてしまうので、次に損益分岐点図表という視覚的な図表を理解した後に、〔図表11-7〕の導出方法を説明します。

第12話 損益分岐点を視覚的に理解する方法

👉 正方形の中で浮かび上がるもの

　管理会計用の損益計算書〔図表11-4〕を作成したり、損益分岐点売上高〔図表11-7〕を求めたりする方法を、損益分岐点分析またはCVP分析[①]といいます。これらを視覚的に理解するために、損益分岐点図表（またはCVP図表）と呼ばれるものを〔図表12-1〕に示します。

〔図表12-1〕損益分岐点図表（CVP図表）

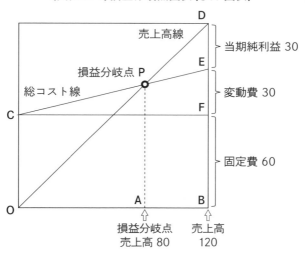

👉 中空に浮かぶ損益分岐点

　〔図表12-1〕の右下に、売上高120（線分OB）があります。〔図表11-4〕にあった売上高です。

【参考資料】
① Cost, Volume and Profit Analysis

第三幕　売上高とコストと利益の三角関係

この売上高120の垂線 BD 上に、下から順に固定費60（線分 BF）、変動費30（線分 FE）、当期純利益30（線分 ED）が表示されています。これらも〔図表11-4〕に対応しています。

〔図表12-1〕では、固定費 BF と変動費 FE とをタテに積み上げたものを利用して、右上がりの総コスト線 CE を描いています。また、原点 O から売上高線 OD を描いています。これら2本の直線が交わる点 P を、損益分岐点と表示しています。

　この損益分岐点 P から垂線を下ろしたところにあるのが、損益分岐点売上高（線分 OA）80です。

〔図表12-1〕では、売上高から当期純利益までを採用していますが、売上高から営業利益まででも、同様の作図を行なうことができます。

☞ 作図の妙で目が点になる

「う～ん」
　どうしましたか、ヨシツネくん。
「〔図表11-4〕にあった [13]限界利益は、〔図表12-1〕のどこに現われるのですか」
「それが一目でわからなければ、作図の妙も『画に描いた餅』だな」
　ベンケイ次長たちの疑問について、次の〔図表12-2〕で解き明かしましょう。

〔図表12-2〕損益分岐点図表（別解）

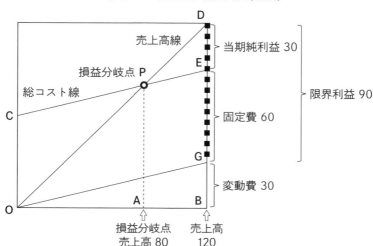

〔図表12-2〕は、〔図表12-1〕の右端にあった変動費と固定費の上下を入れ替えた「別解」です。〔図表12-2〕の作図によっても、中空に浮かぶ損益分岐点Pの位置や、損益分岐点売上高（線分OA）が変わらないことを確認してみてください。

〔図表12-2〕で注目すべきは、右端にある線分GDです。太い破線で描いています。

この線分GDは、当期純利益30（線分ED）と固定費60（線分GE）を足し合わせたものであり、破線の高さGDが限界利益90を表わします。

〔図表12-2〕は〔図表12-1〕と同じく正方形で描かれているので、横軸上の売上高120（線分OB）は、線分BDでも表わすことができます。したがって、〔図表12-2〕によれば、売上高BDから変動費BGを差し引くことによっても、限界利益GDを求めることができます。

会計システムに搭載されている損益分岐点図表の多くは〔図表12-1〕で表示されます。稀に〔図表12-2〕を表示するものもあります。

いざというとき、目が点にならないようにしてください。

👉 一つ覚えの損益分岐点分析

上場企業が開示する決算資料に、決算短信があることを、第9話で紹介しました。この決算短信1ページ目の最下段に「業績予想」という欄があります。

この欄に掲載される営業利益や当期純利益は、〔図表11-7〕の公式で計算されています。業績予想を開示しているすべての上場企業で、損益分岐点分析が採用されていることがわかります。

上場企業に限られません。全国に数百万社もある中堅中小企業で利用されている会計システムのそのすべてで、〔図表11-7〕の公式が搭載されており、損益分岐点売上高や固定費などが算出され、それらを画面上に表示するプログラムが組み込まれています。

管理会計のタイトルを付した書籍でも、そのすべてで損益分岐点分析が解説されています。そうしないと、固定費や変動費の話ができないからです。

「すべて、というのが、すごいですね」

絶対的通説と呼んでもいいでしょう。
「一つ覚えの損益分岐点分析なんですね」
「御曹司――！」
ヨシツネくんを諫(いさ)める声が聞こえました。

👉 管理会計は大正デモクラシーから進歩していない

いえいえ、ベンケイ次長。彼の指摘は、もっともです。

歴史を振り返ると、損益分岐点分析が考案されたのは20世紀初頭。1920年代には、損益分岐点図表（CVP 図表）が編み出されました。

西暦で表現されると、ニッポン人としてはわかりづらい。和暦で表現すると、20世紀初頭はまだ明治の時代であり、1920年は大正9年です。
「損益分岐点分析は、大正デモクラシーの時代から使われ続けてきた、ということですか」

管理会計というと新しい学問のように聞こえますが、その理論体系は大正時代から何ら進歩していない、といえます。
「ほぉら、やっぱり、一つ覚えの損益分岐点分析じゃないですか」
「う、う～ん」

残念な点をもう一つ紹介しておきましょう。

上場企業が開示する決算短信や有価証券報告書では、〔図表11-2〕に挙げた勘定科目が開示されないため、企業外部の利害関係者たちが固変分解を行なうことができません。付け焼き刃として採用されているのが、第15話などで紹介する EBITDA です。

損益分岐点分析は、人口に膾炙(かいしゃ)しているものでありながら、企業実務では使い勝手が悪い分析道具です。

👉 別室で補足説明を　～損益分岐点売上高の求めかた～

〔図表11-7〕では、いきなり損益分岐点売上高を求める公式を紹介しました。この公式を導き出すための過程を示すと、次の通りとなります。

まず、管理会計用の損益計算書を使った計算式を示すと、次の①式になり

ます。

> ① 売上高 − (変動費＋固定費) ＝ 当期純利益

損益分岐点売上高は、当期純利益がゼロとなる売上高なので、次の②式になります。

> ② 売上高 − (変動費＋固定費) ＝ 0

ところで、変動費率は、変動費を売上高で割った比率でした。

$$③\ 変動費率 = \frac{変動費}{売上高}$$

したがって、次の④式になります。

> ④ 変動費 ＝ 売上高 × 変動費率

上記④式を、②式に代入し、固定費を右辺に移します。

> ⑤ 売上高 − 売上高 × 変動費率 ＝ 固定費
> ⑥ 売上高 × (1 − 変動費率) ＝ 固定費

したがって、次の⑦式になります。

$$⑦\ 売上高 = \frac{固定費}{1 - 変動費率}$$

上記⑦式の左辺にある売上高を、損益分岐点売上高という名称に置き換えれば、〔図表11-7〕になります。

第13話 管理会計が紡ぐ、ブラックユーモアの世界

☞ 舌切り雀の悲しい物語に、泣けちゃうわ

　損益分岐点分析を応用した話です。
　日本むかし話『舌切り雀』の始まり、はじまり──。
　さて、雀のピーちゃんは、障子の張り紙に塗る糊をなめてしまったために、おばあさんによって舌を切られてしまいました。いまは枝葉に寝そべり、森林浴をしながら養生をしています。
　切られた舌は軽傷だったのですが、つづらを制作する体力はまだ回復していません。そこで雀のピーちゃんは、薩摩出身のキチノスケさんとイチゾーどんに、つづらの制作を委託することにしました。
　二人に委託したのは、大きなつづらと、小さなつづらの制作です。なお、つづらの数詞は、正しくは「荷」ですが、ここでは「箱」を用います。
　つづらは、日本むかし話『舌切り雀』で使います。『三つ葉葵ベジタブル研究所』のナナコさんからは、「第29話で使うから」ということで特別注文が届いています。
　小さなつづらには、後日、雀たちによって小判が収められます。大きなつづらには、ムカデやトカゲ、さらには妖怪や怪獣まで収められることになっています。ただし、そうした裏工作は、キチノスケさんとイチゾーどんには伝えられていません。
　制作を委託するつづらの数は、大小それぞれ100箱を限度とします。ただし、2種類のつづらを合わせた合計は、200箱ではなく130箱が限度であることを、雀のピーちゃんから二人に伝えてあります。
　大小100箱ずつ作って計200箱としないのは、必ずしも2箱1セットで配るわけではないからです。小さなつづらだけを持ち帰り、つましく暮らす夫婦もいれば、大きなつづらだけを持ち帰り、妖怪や怪獣に食べられてしまう夫婦もいます。

☞ キチノスケさんは、よく勉強している

つづらの販売価格と、その材料費(すべて変動費)は、〔図表13-1〕の通りです。

〔図表13-1〕つづらの販売価格と限界利益

	大きなつづら	小さなつづら
販売価格	@1,200円	¶2@1,000円
変動費	@650円	@500円
限界利益	¶1@550円	¶3@500円

〔図表13-1〕は、販売価格から限界利益までを、それぞれの単価で表わしたものです。@（アットマーク）は、単価を表わします。変動費は、材料費（竹）以外に発生しないものとします。

つづらを作るための工作機械は、雀のピーちゃんから、キチノスケさんとイチゾーどんそれぞれに貸与され、そのリース料は月額61,000円です。固定費は、このリース料だけです。

キチノスケさんは〔図表13-1〕を見て、なるべく多くの民にづつづらが行き渡りますようにと、販売価格の安い小さなつづら（販売価格 ¶2@1,000円）を100箱、制作することから始めました。

イチゾーどんは〔図表13-1〕を見て、「1箱あたりの限界利益は、大きなつづらのほうが@50円（= ¶1@550円 − ¶3@500円）も多いぞ。大きなつづらを100箱、先に作ってしまうほうが、1箱あたり@50円の『お得感』がありそうだ」と考えました。

イチゾーどんは、〔図表6-2〕の第二原理（お得感）を理解しており、そこに第四原理（インセンティブ）を働かせたのです。

☞ キチノスケさんの損益分岐点売上高

　雀のピーちゃんは、二人のために帳簿を作っていました。スマートフォンを使えば、枝葉で寝そべっていても、帳簿の入力作業は簡単に行なえます。

　雀のピーちゃんはまず、キチノスケさんの損益分岐点売上高を計算しました。2種類の製品がある場合の、損益分岐点売上高を計算する方法は、次の通りです。

　キチノスケさんは、小さなつづらを100箱、制作することから始めたので、このときの限界利益を〔図表13-2〕で求めます。

〔図表13-2〕キチノスケさんの限界利益

（小さいつづら1箱あたりの限界利益）×（制作数量）＝（限界利益合計）
⇩
@500円×100箱＝50,000円

　〔図表13-2〕で求めた限界利益50,000円で、毎月発生する固定費61,000円の一部を回収します。したがって、差し引き11,000円（＝61,000円－50,000円）の固定費が回収不足となります。

　この回収不足の固定費11,000円を、〔図表13-1〕にあった、大きなつづらの限界利益[¶1]@550円によって回収します。

〔図表13-3〕回収不足の固定費

（回収不足の固定費）÷（大きなつづら1箱あたりの限界利益）＝（制作数量）
⇩
11,000円÷[¶1]@550円＝20箱

　〔図表13-3〕より、大きなつづらをあと20箱だけ制作すれば、固定費61,000円を全額回収することができます。

　以上より、キチノスケさんの損益分岐点売上高を計算することができます。次の〔図表13-4〕の損益計算書を使って計算してみます。

〔図表13-4〕キチノスケさんの損益分岐点売上高

	大きなつづら ¶11 20箱を制作	小さなつづら ¶15 100箱を制作	合計
売上高	¶12 24,000円	¶16 100,000円	¶19 124,000円
変動費	¶13 13,000円	¶17 50,000円	¶20 63,000円
限界利益	¶14 11,000円	¶18 50,000円	¶21 61,000円
固定費			¶22 61,000円
当期純利益			¶23 0円

〔図表13-4〕において、小さなつづら¶15 100箱を制作したときの売上高、変動費および限界利益はそれぞれ、¶16 100,000円、¶17 50,000円、¶18 50,000円になります。小さなつづらの制作については、これで打ち止めです。

次に、大きなつづら¶11 20箱を制作することで、売上高、変動費および限界利益はそれぞれ、¶12 24,000円、¶13 13,000円および¶14 11,000円になります。

大きなつづらと小さなつづらの売上高、変動費および限界利益を合計したものが、右端にある合計欄になります。売上高、変動費および限界利益の合計はそれぞれ、¶19 124,000円、¶20 63,000円および¶21 61,000円になります。

限界利益¶21 61,000円から、固定費¶22 61,000円を減算することによって、当期純利益は¶23 ゼロになります。したがって、このときの総売上高¶19 124,000円が、キチノスケさんの損益分岐点売上高になります。

☞ イチゾーどんの損益分岐点売上高

雀のピーちゃんは次に、イチゾーどんの損益分岐点売上高を計算しました。

イチゾーどんは、〔図表13-1〕にある「１箱あたりの限界利益」を見て、大きなつづら100箱を制作するほうが「お得感がある」と考えたのでした。このときの限界利益を次の〔図表13-5〕で求めます。

> **〔図表13-5〕イチゾーどんの限界利益**
>
> (大きなつづら1箱あたりの限界利益)×(制作数量)=(限界利益合計)
> ⇩
> ¶1@550円×100箱=55,000円

〔図表13-5〕で求めた限界利益55,000円で、固定費61,000円の一部を回収します。その結果、差し引き6,000円（=61,000円-55,000円）の固定費が回収不足となります。

この回収不足の固定費6,000円を、〔図表13-1〕にあった、小さなつづらの限界利益 ¶3@500円によって回収します。計算方法は次の〔図表13-6〕の通りです。

> **〔図表13-6〕回収不足の固定費**
>
> (回収不足の固定費)÷(小さなつづら1箱あたりの限界利益)=(制作数量)
> ⇩
> 6,000円÷@500円=12箱

〔図表13-6〕の計算結果より、小さなつづらをあと12箱制作すれば、固定費61,000円を全額回収することができます。これにより、イチゾーどんについても損益分岐点売上高を求めることができます。次の〔図表13-7〕の損益計算書を使って計算してみます。

〔図表13-7〕イチゾーどんの損益分岐点売上高

	大きなつづら 100箱を制作	小さなつづら 12箱を制作	合計
売上高	120,000円	12,000円	¶31 132,000円
変動費	65,000円	6,000円	¶32 71,000円
限界利益	55,000円	6,000円	¶33 61,000円
固定費			¶34 61,000円
当期純利益			¶35 0円

〔図表13-7〕は〔図表13-4〕と同じ様式の損益計算書です。

大きなつづらと小さなつづらの売上高、変動費および限界利益を合計したものが、〔図表13-7〕右端にある合計欄になります。それぞれ、[131]132,000円、[132]71,000円および[133]61,000円になります。

この限界利益[133]61,000円から、固定費[134]61,000円を減算することによって、当期純利益は[135]ゼロになります。つまり、このときの総売上高[131]132,000円が、イチゾーどんの損益分岐点売上高になります。

〔図表13-4〕と〔図表13-7〕にある固定費61,000円は、両案を比較する場合には埋没費用となり、不要なデータになります。ただし、個々の案から損益分岐点売上高を計算する場合には、固定費61,000円は必要なデータになります。「場合分け」に注意してください。

👉 民のために働くと収益力が高い

キチノスケさんの〔図表13-4〕と、イチゾーどんの〔図表13-7〕とから、二人の損益分岐点売上高を比較してみます。

〔図表13-8〕損益分岐点売上高の比較

キチノスケさんの損益分岐点売上高	〔図表13-4〕	[119]124,000円
イチゾーどんの損益分岐点売上高	〔図表13-7〕	[131]132,000円

〔図表13-8〕で比べると、キチノスケさんのほうが、8,000円（＝[131]132,000円－[119]124,000円）も低くなっています。この場合、キチノスケさんのビジネスのほうが、黒字と赤字の分岐点に早く到達し、収益力が高いぞ、と評価されます。

なぜ、このような差が生じてしまったのでしょうか。理由は、限界利益率の差にあります。これは、限界利益を売上高で割った比率でした。〔図表11-6〕で再確認してください。

〔図表13-1〕をもとに、大きなつづらと小さなつづらの限界利益率を求めると、次の〔図表13-9〕になります。

〔図表13-9〕つづらの限界利益率

	大きなつづら	小さなつづら
販売価格	@1,200円	@1,000円
変動費	@650円	@500円
限界利益	@550円	@550円
限界利益率	45.8%	50.0%

　小さなつづらの限界利益率（50.0％）は、大きなつづらの限界利益率（45.8％）よりも4.2ポイント（＝50.0％－45.8％）も高くなっています。

　複数の製品を作るとき、限界利益率という「百分率基準」に基づいて、大きいほう（小さなつづら50.0％ ＞ 大きなつづら45.8％）から優先的に生産していくと、損益分岐点売上高に早く到達することができるのです。

　イチゾーどんのように、1単位あたり（1箱あたり）の限界利益という「価格基準」に基づいて、その大きいほう（大きなつづら@550円 ＞ 小さなつづら@500円）から生産していくと、損益分岐点売上高に到達するのが遅くなります。

　百分率基準を採用したキチノスケさんが、価格基準を採用したイチゾーどんよりも、収益力が優れていた理由です。

☞ お国のために働くと損をする

　と、まあ、教科書的には以上の説明で終わりです。

　ところが、これに「生産性」という考えかたを持ち込むと、まるで異なる見解が浮上します。〔図表13-4〕と〔図表13-7〕の制作数量に注目してください。次の〔図表13-10〕に抜き出してみました。

〔図表13-10〕制作数量の違い

〔キチノスケさん〕

大きなつづらの制作数量	小さなつづらの制作数量	損益分岐点の制作数量合計
20箱	100箱	120箱

〔イチゾーどん〕

大きなつづらの制作数量	小さなつづらの制作数量	損益分岐点の制作数量合計
100箱	12箱	112箱

　雀のピーちゃんが、二人にリースした工作機械の性能は、どちらも同じです。ところが、〔図表13-10〕で見比べると、損益分岐点売上高に到達するまでの制作数量にかなりの差があります。

　キチノスケさんの損益分岐点の制作数量合計は120箱ですから、121箱目から黒字になります。

　イチゾーどんの損益分岐点の制作数量合計は112箱ですから、113箱目から黒字になります。生産性の観点からすれば、イチゾーどんのほうが「生産性が高い」と評価されます。

☞ ビジネスは結果がすべて

　利益の面からも観察してみましょう。雀のピーちゃんが指示した制作数量の上限は、130箱まででした。

　キチノスケさんは、小さなつづらを100箱、大きなつづらを30箱、それぞれ制作しました。イチゾーどんは、大きなつづらを100箱、小さなつづらを30箱、それぞれ制作しました。

　二人の損益計算書は、〔図表13-11〕と〔図表13-12〕になります。

〔図表13-11〕キチノスケさんの損益計算書

	大きなつづら 30箱を制作	小さなつづら 100箱を制作	合計
売上高	36,000円	100,000円	136,000円
変動費	19,500円	50,000円	69,500円
限界利益	16,500円	50,000円	66,500円
固定費			61,000円
当期純利益			5,500円

〔図表13-12〕イチゾーどんの損益計算書

	大きなつづら 100箱を制作	小さなつづら 30箱を制作	合計
売上高	120,000円	30,000円	150,000円
変動費	65,000円	15,000円	80,000円
限界利益	55,000円	15,000円	70,000円
固定費			61,000円
当期純利益			9,000円

　同じ工作機械を使って同じ数量（130箱）を制作した場合、〔図表13-11〕のキチノスケさんが稼いだ当期純利益は5,500円。〔図表13-12〕のイチゾーどんが稼いだ当期純利益は9,000円。

　両者を比較すると、イチゾーどんのほうが、3,500円（＝9,000円－5,500円）も多く稼いでいることがわかります。

　損益分岐点売上高の到達速度では、キチノスケさんのほうが優れていました。ところが、最終結果を見れば、イチゾーどんのほうが頑張った、と評価されることになります。

　いや、多くの民に小さなつづらを行き渡らせようとした、キチノスケさん

の志のほうが尊い、と考える人もいるでしょう。

　12月末を決算日とする企業の場合を考えてみてください。

　業績評価というのは、1月から12月までの12か月累計で行なうものです。2月や3月の早い段階で黒字になったから評価が高いとか、11月や12月の段階でようやく黒字になったから評価が低い、ということはありません。

　ビジネスは、年度の決算を締めて、1年間でどれだけ稼いだか、という結果がすべて。そうであるならば、イチゾーどんのほうに、高い評価が与えられるべきです。

　また、イチゾーどんのように、たくさんの利益を稼いで、所得税や法人税などの形で国に納め、国が所得の再分配政策を実施するほうが、格差社会の解消になるはずです。

☞ 制約条件の有無が天下国家の命運を決する

　天下国家の話はさておき、百分率基準（限界利益率）と、価格基準（1箱あたりの限界利益）のどちらを優先して、生産活動や販売活動を行なえばいいのでしょうか。

　これは、市場に制約条件があるかどうかによって異なります。

　市場に制約条件がまったくない場合は、限界利益率の高い製品を優先して作るべきです。市場に制約条件がある場合は、1箱あたりの限界利益が多い製品を優先して作るべきです。

　大きなつづらと小さなつづらを制作するにあたっては、雀のピーちゃんから制作数量に制約条件が付けられていました。この場合には、価格基準（1箱あたりの限界利益）に基づいて、つづらを作ることが、望ましい生産活動であることがわかります。

　では、価格基準（1箱あたりの限界利益）に基づいて生産を行なうと、当期純利益は本当に最大になるのでしょうか。

　大きなつづらと小さなつづらを65箱ずつ、合わせて130箱制作した場合の損益計算書を作ってみます。その結果は〔図表13-13〕になります。

第三幕　売上高とコストと利益の三角関係　　107

〔図表13-13〕大小65箱ずつ制作した場合の損益計算書

	大きなつづら 65箱を制作	小さなつづら 65箱を制作	合計
売上高	78,000円	65,000円	143,000円
変動費	42,250円	32,500円	74,750円
限界利益	35,750円	32,500円	68,250円
固定費			61,000円
当期純利益			7,250円

〔図表13-13〕によれば、つづらを65箱ずつ制作した場合の当期純利益は、7,250円になります。

〔図表13-12〕のイチゾーどんが稼ぐ当期純利益9,000円よりは少ないですが、〔図表13-11〕のキチノスケさんが稼ぐ当期純利益5,500円よりは多くなります。ちょうど中間の利益になります。

市場に制約条件がある場合、価格基準（1箱あたりの限界利益）に基づいて生産活動を行なったほうが、当期純利益を最大にできるようです。

損益分岐点売上高に到達する速度だけを自慢してはならない。損益分岐点売上高に到達するのが遅くても、年度の決算を締めてみれば当期純利益を最大にできる経営戦略があるようです。

☞ 固定費を回収するって、何？

ところで、〔図表13-3〕などの説明で「固定費を限界利益で回収する」という表現がありました。管理会計を深く学んでいくと必ず行き当たる表現です。

「固定費を回収する」とは、どういう意味でしょうか。この場合、〔図表12-2〕を利用します。この図を見ると、売上高がゼロ（原点O）のとき、固定費はOCです。売上高がOBになっても、固定費はGEで一定。

限界利益のほうは、線分OGと線分ODで挟まれた高さで表わされます。

例えば売上高が120のとき、限界利益は線分GDで表わされ、その高さは90となります。また、売上高がゼロ（原点O）のとき、線分OGと線分ODで挟まれた高さはゼロになるので、限界利益も当然ゼロになります。

実際の売上高が損益分岐点売上高に到達すると、線分OGと線分ODで挟まれた高さは、固定費の高さと一致します。この、限界利益と固定費とが一致するまでのプロセスが「固定費を回収する」という意味です。

もう一つ、深入りした話を。

舌切り雀の話では、百分率基準（限界利益率）と価格基準（1箱あたりの限界利益）を紹介しました。これら以外にも、サービス業であれば時間基準（1時間あたりの限界利益）、流通業であれば面積基準（1㎡あたりの限界利益）などが想定されます。企業の特徴に応じて、それぞれの基準を使い分けるようにしましょう。

ただし、人工知能や量子コンピュータが普及するようになると、時間や面積は限りなくゼロに近づくので、こうした基準で比較する意義は小さくなることが予想されます。その場合、どのような基準を採用するか。

それを理解するには、別のノウハウを必要とします。第16話で、生産性の議論に絡めて説明します。

☞ 誰が最後に笑ったか

「ぷはぁ～っ」

エリカ会長が、胸の前で結んである青いリボンをゆるめ、大きな深呼吸をしました。

あらあら、はしたない。どうかしましたか。

「このところ出番がなかったので、窒息しそうだったわよ。もう少し配慮してよね」

それは、すみませんでした。丁寧な説明を行ないたいときは、独白することにしているものですから。

「それで、タカダ先生。この話って結局、どこに『お得感』があったの？」

それは決まってますよ。森林浴療法と称して枝葉に寝転がり、維新の功労

者である二人をアゴで指図して、リース料を徴収している雀です。
　おまけに、大きなつづらで世間にリベンジしようというのですから、狡猾（こうかつ）なオトギ話ですよ。

第四幕

次は、固定費と変動費と利益の三角関係

第四幕のあらまし

◆ 管理会計で特に重要な概念が、固定費です。固定費型ビジネスと変動費型ビジネスの分類を起点として、製造業や流通業などの特徴を検証します。

◆ 管理会計で重要な概念に、付加価値と生産性があります。これにEBITDAという指標を絡めた問題を提起します。

◆ ブラック企業やフリーライダーが存在する理由、上場企業が上方修正や下方修正を繰り返す理由などを明らかにします。

◆ 上場企業の業績予想は、なぜ、上下に大きくブレるのか。営業利益の弾力性がその謎を解き明かします。

第14話　固定費型ビジネスと変動費型ビジネス

☞ 話はどんどん先へ進む

　損益分岐点分析を拡張していった先に、限界利益という概念が飛び出しました。難しいのは用語の使用方法であって、その奥義を極めれば、迷宮へ向かう視界はもっと広がります。

　特に、企業のビジネスモデルを明らかにする場合に、限界利益が役立つことを、以降で説明しましょう。

　まずは〔図表14-1〕で描かれる固定費型ビジネスと、〔図表14-2〕で描かれる変動費型ビジネスを紹介します。

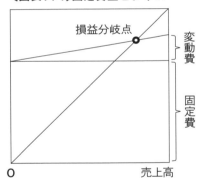

〔図表14-1〕固定費型ビジネス

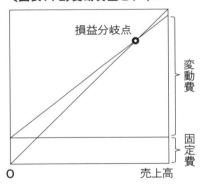

〔図表14-2〕変動費型ビジネス

　〔図表14-1〕と〔図表14-2〕はどちらも、損益分岐点を同じ高さに設定しています。ところが、各図表の右側で表わされる固定費の「高さ」には、かなりの違いが認められます。

　〔図表14-1〕の固定費型ビジネスは、工場や機械装置などの固定資産を多く抱える製造業でよく見られます。〔図表14-2〕の変動費型ビジネスは、薄利多売の流通業（卸売業や小売業）で多く見られます。

両図を見比べることによって、製造業は固定費型ビジネスであり、流通業は変動費型ビジネスである、という一意的な性格付けを行なうことができます。

☞ コンビニエンスストアが24時間営業を行なう理由

　固定費と変動費とを比べた場合、どちらのほうが重要かといえば、断然、固定費です。第15話で説明する付加価値やEBITDAなどの基礎となるのが、固定費だからです。

　この固定費をどう理解するかによって、ビジネスモデルへの解釈も異なることになります。まずはこの説明から始めましょう。

　例えば、コンビニエンスストア。薄利多売の申し子ともいえるので、〔図表14-2〕にある変動費型ビジネスの典型例のように思えてしまいます。

　ところが、なぜ、24時間営業をするコンビニが存在するのか、という問題を考えると、深夜のほうが配送効率がいい、というメリット以外に、固定費の大きさに気づかされます。

　まず、生鮮食料品や飲料を保存するために、冷蔵庫や冷凍庫を24時間、稼働させておく点に注目します。店で発生する電気代は「固定費のかたまり」であり、水道光熱費は総コストの中でかなりの割合を占めます。

　また、敷地に係る賃借料や、店舗内の設備に係るリース料なども「固定費のかたまり」を構成します。

　一方、深夜のバイト代（人件費）は、総コストに占める割合が小さい。

　コンビニチェーン店の本部の立場からすれば、深夜の売上高がたとえ少額であっても、店を開いているほうが「お得感」があるのです。店を閉じていても、水道光熱費・賃借料・リース料などの負担は避けられないのですから。

　常温保存ができない食品や、ぬるくなった飲料を開店前に急冷させる手間を考えれば、本部としては深夜も冷蔵庫を稼働させておき、翌朝の通勤・通学の需要に即応したいのが本音なのです。

☞ 人手不足は別の問題

　深夜営業を行なっていないコンビニエンスストアや、ドラッグストアが存在するのは、人手不足という社会問題が影響しています。これは残念ながら、管理会計の守備範囲ではありません。

　大量の生鮮食料品を抱えて、冷蔵庫や冷凍庫を24時間、稼働させておく必要がある点では、スーパーマーケットも同じです。ただし、スーパーは売場面積が広いので、それなりの人員を確保する必要があります。それが難しいため、24時間営業を行なわないのです。

　こうしたビジネスモデルの違いは、固定費を理解すればこそです。

☞ 製造業の固定費と、流通業の固定費の違い

　いまの説明で明らかなことは、流通業も製造業に劣らず、巨額の固定費を抱えたビジネスモデルだということです。ただし、その固定費の性質を調べると、流通業と製造業とでは大きく異なることがわかります。

　製造業の固定費は、工場建物やその中にある機械装置などから構成されます。工場団地を想像してみてください。これらは、業績が苦しくなったからといって、建物や機械装置の一部を「切り売り」することが難しい。

　それに対し、流通業界は巨額の固定費を抱えているといっても、個々の店舗が個々の固定費を構成しています。「この店は儲からない」となれば、開店から半年経たなくても、撤退してしまいます。これは「固定費の切り売り」ができるからです。

　すなわち、製造業の固定費は「分割不可能な固定費」であるのに対し、流通業の固定費は「分割可能な固定費」という特徴を有しています。こうした特徴は、第20話で、ナナコさんと買い物に出かけたエリカ会長が、問題提起をしてくれます。

☞ トイレの個室にまで貼られる「固定費削減」

　あらゆる企業で掲げられるスローガンに、「コストを削減しよう」という

ものがあります。この場合、変動費と固定費それぞれに対する圧力の違いを理解しておく必要があります。

材料費や外注費などは変動費の典型であり、外部業者との交渉を必要とします。その反発力は強く、そう簡単に削減できるものではありません。したがって、コスト削減の対象は、圧力の弱い社内に向けられることになります。

昼間の時間帯、天井の蛍光灯を消すのは、電気料金という変動費を節約するためです。ただし、その節減効果は弱く、コスト削減への啓蒙活動にすぎません。

コストを本気で削減しようとするならば、社内の固定費に踏み込むことになります。その意識を徹底させる趣旨なのでしょう。「固定費を削減しよう！」というポスターが、トイレの個室にまで貼られているケースを見かけます。

社内で真っ先にバッシングを浴びる固定費としては、総務や経理などに係る人件費や経費があります。これらは売上高に直接貢献するものではないので、給与計算や経理処理などを「アウトソーシング（外部委託）してしまえ」という暴論が罷り通ることになります。

気をつけたいのは、社内で取り組んでいたものを、社外へ持ち出すのは、「生殺与奪の権」を外部の者に委ねてしまうことです。

経理部門を外部委託してしまった結果、自社の資金繰りをリアルタイムで把握できなくなり、資金手当が間に合わずに不渡りを起こしそうになった、という楽屋話を聞いたことがあります。

コストを削減した結果、経営破綻を招くという、笑うに笑えぬ話です。

☞ 固定費の変動費化と、変動費の固定費化

固定費にまつわる二者択一問題を考えます。

総務や経理などのバックアップ部門に係る人件費や経費は、先ほども紹介したように、固定費に属します。これらをアウトソーシングした場合は外注費になるので、変動費に転じます。これを「固定費の変動費化」といいます。

かくして、コスト削減策には「固定費のまま維持するか、変動費に切り替えるか」という二者択一問題が登場します。

なお、いったん外部に委託したものを再び内部に取り込むのは、大変な労苦を要するので、通常は「変動費の固定費化」を想定しません。

☞ 節税対策で埋没する固定費

次に、コスト削減を考える上で見落とされがちなのが、節税対策との関連です。

節税のために、生命保険に加入したり、不動産を購入したり。これらの支出は固定費であると同時に、埋没費用であることを、お忘れなきように。

業績がいいとき、生命保険などの節税対策（固定費の増大）は有効でしょう。しかし、業績が少しでも悪化したとき、将来において支出を余儀なくされる保険料は、固定費かつ埋没費用であるが故に、そう簡単には削減できません。むしろ、解約手数料などで余計な出費（変動費の増大）を強いられることがあります。

目先の節税対策に汲々（きゅうきゅう）とするのではなく、税金を払ってでも内部留保を厚くして、経営の安定度を高める選択肢があることも忘れずに。

☞ 固定費削減でニュートロン・ジャックが炸裂す

いままでの説明を、図解してみましょう。損益分岐点図表を用いたコスト削減策です。次の2通りの方法がありました。

〔図表14-3〕コスト削減の方法
①変動費の削減
②固定費の削減

〔図表14-3〕を図解すると、〔図表14-4〕と〔図表14-5〕になります。

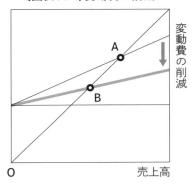
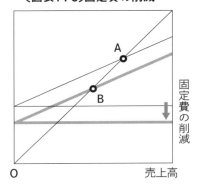

〔図表14-4〕は、変動費を削減するケースです。これにより、損益分岐点は点Aから点Bに、左下方へと移動します。

〔図表14-5〕は、固定費を削減するケースです。これにより、損益分岐点は点Aから点Bに、左下方へと移動します。

どちらも当期純利益を拡大させることから、コスト削減策は、収益力を強化させると、一般には信じられています。

通常、コスト削減といえば、〔図表14-4〕の変動費の削減よりも、〔図表14-5〕の固定費の削減に関心が払われます。社内で発生する固定費は圧力が弱く、社長の号令一下、無理がきく、という特徴があるからです。

固定費削減の中で、不動産売却よりも、人員整理が優先されるのは、さらに圧力が弱いからです。第1話で登場したリストラ費用のカラクリが、ここにあります。

人員整理を中心としたリストラ策を、「ニュートロン・ジャック」と呼ぶことがあります。米国ゼネラル・エレクトリック（GE）の経営を劇的に改善させたジャック・ウェルチ氏を皮肉ったものです。

オフィスや工場などを破壊せずに、ヒトだけを抹殺する中性子爆弾（ニュートロン・ボム）が、GEのリストラ策で炸裂したことに由来します。

☞ 理論を歪曲する人たちがいる

　リストラの是非はともかく、〔図表14-5〕にあった固定費削減に取り組むことにしましょう。これは次の〔図表14-6〕で描かれているように、線分ABを、線分CDへ下方移動させることでした。

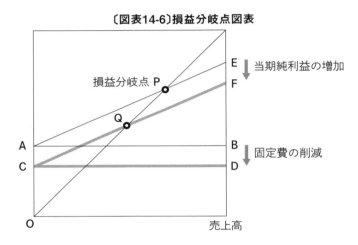

〔図表14-6〕損益分岐点図表

　〔図表14-6〕では面白い現象を観察することができます。右上がりの変動費（線分AE）も、線分CFへ下方移動し、当期純利益がEFの高さだけ増加するのです。損益分岐点も点Pから点Qへ、左下方へと移動します。見事に収益力が強化されました。なんと、素晴らしいことか。

　これが先ほど説明した二者択一問題の一つ、「固定費の変動費化」です。

　しかし、これは「作図の錯覚」です。

　原因は、固定費が平行移動すれば、変動費も同じ幅だけ平行移動する、と思い込んでいる点にあります。その思い込みが、固定費を削減（線分ABから線分CDへ）すれば、当期純利益も増加（点Eから点Fへ）するのだ、という錯覚を生じさせます。

　そのように錯覚しているというか、理論を歪曲している人たちが数多く存在します。

☞ 変動費化の失敗

　現実はどうでしょう。固定費を削減すると、その代わりに変動費が増加し、逆に当期純利益を急速に減らします。理由は、固定費の削減によって、会社の付加価値が、予想を上回る規模で低下するからです。
　これを「変動費化の失敗」といいます。
「ムリ・ムラ・ムダを減らそうとする努力が、無駄になるってことか？」
　ここまで黙って聴講していた八幡タロー製作所の面々が、ざわつきました。
　まぁまぁ落ち着いて。
　次の研修用DVD『ホリーホック一族の管理会計』では、みなさんのハートを鷲づかみにしている女子高校生が引き続き出演しているので、彼女の演技を楽しみながら「付加価値とは何か」を学習することにしましょう。

第15話 | 限界利益の正体見たり、付加価値のはなし

☞ 付加価値には2通りのアプローチがある

「固定費を削減しよう」と並んで、「付加価値を高めよう」というスローガンも、よく見かけます。

ところで、エリカさん。「固定費削減」と「付加価値向上」は、二者択一問題であることを知っていますか。

「そんな話、初めて聞いたわ。両方を同時に達成するのは不可能なの？」

不可能です。

その理由を説明する前に、付加価値の定義をしておきます。財務会計では「のれん」や「営業権」と呼ばれます①。

生産技術や営業のノウハウ、独自の販売ルート、人脈など、他社には真似のできないものを、付加価値といいます。特許や商標などにも、額面（登録手数料等）以上の付加価値があります。金額に換算できない、という特徴もあります。

付加価値の求めかたについては、次にある通り、控除方式と加算方式があります。

〔図表15-1〕付加価値の定義

①控除方式 …… 売上高から、材料費・外注費・商品仕入高などの
外部購入費用を控除したもの

②加算方式 …… 当期純利益に、減価償却費・人件費・賃借料・金融費用・
税金費用を加算したもの

【参考資料】
① 会社計算規則11条、法人税法施行令13条8号ヲ

☞ あとが楽しみな控除方式と加算方式

〔図表15-1〕①控除方式にある外部購入費用を、「中間財」や「中間投入」と呼ぶことがあります。総務省統計局のサイトにある「国民経済計算」を参照すると、「国内総生産（GDP）は、国（地域）内の生産活動による財貨・サービスの産出から原材料などの中間投入を控除した付加価値の総計である」と定義されています。

中間財は、第25話で重要な働きを演じるので、お楽しみに。

〔図表15-1〕②加算方式は、当期純利益に、減価償却費などを加算していくものです。財務省財務総合政策研究所のサイトにある「キーワードで見る法人企業統計」を参照すると、加算方式で求めたものを「付加価値額」と定義しています。

なお、当期純利益に、なぜ、減価償却費を加算するのか、という理由については、第30話で説明するので、これも後の楽しみとしてください。

〔図表15-1〕②加算方式の特徴は、企業が得た利益を「誰に配分するか」に視点を置いて付加価値を定義するものです。

人件費は従業員へ、賃借料は地主へ、金融費用は銀行へ、税金費用は国や地方自治体へ、それぞれ配分されます。当期純利益と減価償却費は企業自身に帰属することから、これらを内部留保と呼びます。

☞ 利益に固定費を加えるか、売上高から変動費を引くか

理論的には、控除方式であっても、加算方式であっても、付加価値は一致します。説明のしやすさから、〔図表15-1〕①控除方式に注目します。これは売上高から、材料費や外注費などを控除するものでした。

「材料費や外注費？　これって〔図表11-2〕の勘定科目法によれば、変動費のことじゃないの！」

その通りです。

損益分岐点図表に戻って、この仕組みをみてみましょう。〔図表12-2〕では、次の〔図表15-2〕を描きました。

第四幕　次は、固定費と変動費と利益の三角関係

〔図表15-2〕損益分岐点図表（別解）

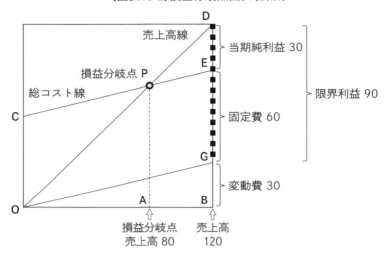

〔図表15-2〕の右端にある太い破線に注目してください。

限界利益（線分GD）は、当期純利益（線分ED）と固定費（線分GE）とを足し合わせたものでした。売上高（線分BD）から変動費（線分BG）を差し引いても、限界利益（線分GD）が求められることを再確認します。

したがって、〔図表15-1〕①控除方式より、限界利益は、付加価値と同義であることがわかります。

専門家によっては、限界利益を、貢献利益や変動利益と呼んだりします。「限界利益と貢献利益は違うの？」

枝葉末節に拘ると、微妙に異なります。利益に固定費を足し合わせたもの（または売上高から変動費を差し引いたもの）である点では、どちらも同じ。どこまで拘るかは、その人の好みです。

〔図表15-2〕で理解してほしいのは、太い破線で表わされる限界利益の正体は何か、にあります。

新聞の経済記事や経済雑誌などでしばしば見かける付加価値やEBITDAという意外な方向から、限界利益の正体に迫ってみることにします。

👉 同床異夢の EBITDA

M&Aの世界でしばしば利用される経営指標に、EBITDA[①]があります。次の〔図表15-3〕にある通り、「利払い前、税引き前、減価償却前、引当前の当期純利益」の略称です。

〔図表15-3〕EBITDAの構成要素

Earnings	当期純利益
Before	前
Interest	金融費用
Taxes	税金費用
Depreciation	減価償却費
Amortization	引当金

EBITDAを式で表わすと〔図表15-4〕になります。

〔図表15-4〕EBITDAの計算式

EBITDA＝（当期純利益）＋（金融費用）＋（税金費用）＋（減価償却費）＋（引当金）

「はいっ！ 質問があります」

おっと、スケサン主任、目が覚めましたか。

主任の夢の続きを当てるならば、その質問は「減価償却費が、なぜ、EBITDAで加算されているのか」でしょう。

「ええっ！ どうしてわかるんですか？」

スケサン主任は眠っていたから知らないでしょうけれど、その理由は、第30話で説明することにしています。

「そんなぁ～」

【参考資料】
① Earnings Before Interest Taxes Depreciation and Amortization

👉 ノン・ガープ再登場

IFRS 基準では、〔図表15-4〕の EBITDA を "Non-GAAP Measures" と呼んで、業績指標の一つとして議論しています。
「久しぶりに、ノン・ガープが登場したわね」
〔図表15-4〕と、〔図表15-1〕②加算方式とを見比べると、よく似ています。EBITDA は、固変分解を諦めた人たちが、限界利益の代わりに編み出した経営指標であることがわかります。

特に通信業界や IT[①]業界では、銀行借入金や社債などの他人資本の合計を、EBITDA で割った指標を利用して、自社の業績を説明しています。M&A などによって他人資本が膨らんでも、「返済に不安はありません」ということを、アピールしたいのでしょう。
「管理会計の限界利益と、GDP の付加価値と、IFRS 基準の EBITDA は、同床異夢ってヤツですね」
「スケサン主任、それをいうなら、異榻同夢よ」
現役女子高校生には、かないません。

👉 付加価値の低下はやむを得ない？

限界利益、付加価値、EBITDA、これら三者を〔図表15-5〕でまとめます。

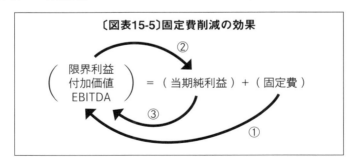

【参考資料】
① Information Technology（情報技術）

〔図表15-5〕を使って、「固定費削減」と「付加価値向上」の二者択一問題を考えてみましょう。

〔図表15-5〕の右辺にある固定費を削減すると、どうなるか。

固定費の削減額と同額の当期純利益が増えるのであれば、誰も苦労はしません。現実は、そんなに甘くない。

第一に、固定費を削減すると、矢印①により、限界利益や付加価値は低下します。

「あら、本当だわ」

第二に、付加価値の減少は自社の競争力を減退させ、薄利多売の価格競争に巻き込まれることとなり、当期純利益を減らします。これは〔図表15-5〕②の矢印で表わされます。

「おや、本当だ」

第三に、固定費の削減はスパイラル現象（きりもみ状態）を招き、付加価値をさらに毀損させることになります。〔図表15-5〕③の矢印で表わされます。

「いやはや、こいつは参ったな」

以上のことから判明するのは、「固定費削減」と「付加価値向上」は、相反する経営課題だということです。

固定費の削減以上に、当期純利益を増やせれば、付加価値を高めることは可能です。しかし、固定費の削減は、外部の者に「生殺与奪の権」を与えるようなもの。そのような状況で、当期純利益を増やすことが可能なのかどうか。

「たぶん、無理ね」

つまり、「固定費を削減せよ！」と「付加価値を向上させよ！」は、相反するスローガンであることがわかります。この問題は、第26話で、別の切り口を用いて証明します。

「メディアなどでは、固定費削減を称賛する記事のほうが多いような気がするな」

カクサン常務の発言に、ヤスベエ主事が「そうですね」と頷きます。

「そんなはずないわ。付加価値の向上を唱えている企業もあるわよ」

「う〜ん、この二者択一問題は難しいですねぇ」

☞ショウルイ憐れみの令で付加価値向上を目指す

　固定費削減と付加価値向上とが二者択一問題であることを、経営幹部たちが理解していないと、相反する命令を下された現場は大混乱に陥ります。ジレンマに陥った現場では、会計不正に手を染めようとするインセンティブが働く可能性があります。

　会計不正は通常、業績が悪化しているにもかかわらず、それを隠すために、経営者からの指示によって行なわれるものです。しかし、経営者の気持ちを忖度（そんたく）した現場の暴走によっても、会計不正は行なわれることを知っておくべきです。

「こいつは困ったな。ツナヨシ社長から『付加価値を向上させよ』と命じられて、ヤナギサワ管理本部長から『固定費を削減せよ』と求められたら、どうすりゃいいんだ」

　ヤスベエ主事はいつも、無理難題を吹っかけられていますからね。

「そんなの、簡単っすよ」

　スケサン主任には秘策があるようですね。

「そりゃあ、もう——」

　主任によれば、社長から「当期は付加価値の向上に努めよ」と命じられたら、変動費の一部を、固定費へ移動させるプログラムを組めばいいらしい。

　次に「当期は固定費の削減に努めよ」と命じられたら、固定費の一部を、変動費へ移動させるプログラムを組めばいいのだそうです。

「いずれも、マウスのクリック操作だけで行なえる作業ですよ。犬や猫だけでなく、ネズミを上手に扱うのも、ショウルイ憐れみの令への対策ですね」

　主任の策は、面白いアイデアだとは思います。でも、単純すぎて、すぐにバレますよ。

「バレるかどうか、マケ戦で開発した人工知能相手に、そのアイデアを試したことがあったんすよ」

　で、結果は？

「AI[①]スーピーカーから、次のように叱られちゃいました」

> 付加価値ト固定費ノ並列化ハ不可能。
> オマエハ会計不正ヲスルツモリカ。
> 一発退場ダ！

　スケサン主任ったら、そこまで試したんですね。人工知能に良識があって、安心しました。
「それは『リーガルテック・サービス』といって、マケ戦がいま取り組んでいるIT戦略の一つです」
　ヤスベエ主事が、胸を張って答えました。

【参考資料】
① Artificial Intelligence　人工知能

第16話　付加価値から生産性への展開

☞ 流通業は、なぜ、プライベート・ブランドに注力するのか

いままでの話をまとめましょう。

コスト削減には、固定費と変動費の二者択一問題がありました。固定費削減と付加価値向上との間でも、二者択一問題がありました。

結局、固定費をどのように扱うかが、これらの択一問題を解決するポイントになります。

左から仕入れて、右へ売るだけのビジネスモデルであれば、固定費は少なくてすみます。しかし、それでは付加価値も小さなものとなり、ビジネスの世界では埋没してしまって、「薄利多売の消耗戦」を強いられます。

企業としては、他社との違いを打ち出して、「厚利少売」のビジネスモデルを目指したい。そうであるならば「固定費を削減せよ」という案を、単純に採用することはできません。

むしろ、固定費を維持したまま、付加価値向上を目指すほうが、持続的な成長の礎(いしずえ)になります。

薄利多売の典型とされる流通業の多くで、プライベート・ブランド（自主企画）商品に力を入れているのは、付加価値向上を目指している証拠です。

☞ 流通業と製造業では付加価値の捉えかたが違う

「付加価値と一口にいっても——」

カクサン常務が発言を求めました。

「流通業と製造業では、付加価値の捉えかたが違うような気がするな」

「おじちゃん、どういうこと？」

「ほら、工業デザインというのがあるだろう。例えば、ウチのアパレル子会社では、1年間で数百種類もの服を扱うんだ。ところが、作りっぱなしが多く、過去のデザインを検証することがない」

みんな、常務の発言に耳をそばだてています。
「一方、ウチの自動車メーカーでは、数百種類のデザインの中から一つに絞り込んでいくので、現場ではものすごい緊張感が張り詰めている。アパレルのような『作りっぱなしの付加価値』とは異なることを、理解しておいたほうがいいだろうな」
　さすが、三つ葉葵コンツェルン、喩えとして持ち出すビジネスモデルの幅が広い。

☞ 付加価値の向上に風味を与える方法

　そういえば、三つ葉葵ベジタブル研究所は現在、飛び抜けて高い付加価値を実現している会社でしたね。
「あそこは都内に10万坪の土地を抱えていて、以前は大赤字だったな」
　カクサン常務が腹巻きから、50件ほどの稟議書と資料の束を取り出しました。その資料には、固定資産税をはじめとして、膨大な固定費項目が列挙されていました。
「当時、三つ葉葵ベジタブル研究所がコスト削減のヤリ玉にあげられて、ヤナギサワ管理本部長が、研究所を閉鎖して土地を売却しようとしたことがあったっけ」
　その話、聞いたことがあります。ヤスベエ主事が中心となって、巻き返しを図ったんですよね。
「彼が立案し、実行した『リバイバル・プロジェクト』のお陰で、いまでは『お得感一杯ブロッコリー』や『機会損失熟成トマト』などを、がんがん販売してますよ」
「ナナコお姉ちゃんもヤスベエ主事と一緒に、徹夜でよく泊まり込んでいたわ。三つ葉葵ベジタブル研究所は、いまでは抜群の高収益部門よ。ねぇ〜、ヤスベエさん」
「エリカさん、な、何を……」
　固定費削減よりも付加価値を追求したことが、大正解だったというわけですね。

付加価値は限界利益と同義でしたから、経営幹部が指針として採用すべき経営指標は、固定費削減よりも、限界利益の向上ということになります。ひいてはそれが「付加価値の向上」に風味を与えることを指摘しておきましょう。

☞ 人工知能の生産性は無限大？

付加価値を利用した議論で、最も重要と思われる話をしておきます。生産性です。これは次の式で表わされます。

〔図表16-1〕1単位あたりの生産性

$$1単位あたりの生産性 = \frac{付加価値}{単位}$$

〔図表16-1〕右辺の分母にある「単位」には、人数、時間、数量、面積などがあります。

人数であれば、1人あたりの生産性。別名「ヒトの生産性」です。生産性の議論では、最も多く話題にのぼります。

作業時間や機械稼働時間を単位とするのであれば、1時間あたりの生産性。1日8時間を「1工数（こうすう）」とするのであれば、1工数あたりの生産性になります。

数量であれば、1個あたりの生産性。百貨店などの売り場面積を単位とするのであれば、1㎡あたりの生産性。こうした単位は、「モノの生産性」です。

☞ ヒトの生産性は、管理のための管理に陥る

誰も彼もが「1人あたりの生産性を高めよう」と気安く唱えます。

しかし、生産性を解析すること自体、非常に難しい時代になりました。特に企業外部の第三者が、生産性を解析することは不可能です。現在のディスクロージャー制度では、〔図表16-1〕の分母にある単位（特に社員数）が開示されないからです。

企業内部でも、生産性を解析することが困難になっています。

製造業では自動化が進み、直接作業を行なうヒトが減り、現場にいるのは監視業務などの間接作業を担（にな）う人たちばかり。間接作業からは、〔図表

16-1〕右辺の分子にある付加価値は生み出されません。

　サービス業は、1人で何役もこなさなければならない仕事が多く、しかも裁量労働制が広がりつつあり、「この仕事には、これだけの人と時間を割り当てる」といった差配(さはい)が不可能になっています。

　IDカードによる時間管理システムを導入したとしても、集積されたデータを検証するために「管理のための管理」が増えるようでは、一体何をやっているんだ、という話になります。

　管理のための管理を人工知能に委ねるとしても、〔図表16-1〕にある単位は「何人分だ？」という疑問がつきまといます。

　量子コンピュータが発達すれば、ヒトが関わる時間は限りなくゼロに近くなり、1人あたりの生産性は無限大となります。それによって追い出されたヒトたちは、どこへ行くのか。

　ビッグデータがどれだけ蓄積されても「ヒトの生産性」を解析するのは難しいようです。

☞付加価値や生産性を安易に語るなかれ

「モノの生産性」はどうでしょうか。

　最新鋭で汎用型の機械装置を導入するのはいいとして、工場の奥が「がらんどう状態」になっているケースを、数多く見かけるようになりました。

　社員食堂や駐車場にも、かなりの「空き」が認められます。それらの「モノの生産性」は、どれくらいなのでしょうか。まさか、「がらんどう」に目をつぶって生産性を論じている経営者はいないはず。

　そもそも、「生産性を向上させよう」というスローガンそのものが、ナンセンスだといえます。第26話で説明するように、企業が過剰生産力（操業度不足）を解消することは不可能なのですから。

「どうしたらいいの？」

　エリカさんの向学のために、次のノウハウを紹介しておきます。それは〔図表16-1〕の分母にある「単位」に、売上高を設定することです。

　〔図表15-2〕の損益分岐点図表を見てください。その横軸には、売上高が設

定されています。

　損益分岐点図表が編み出された当初は、横軸は、時間や数量が設定されていました。それでは現場の実情にそぐわない、ということで、横軸は売上高に置き換えられました。生産性分析でも、同様の置き換えが必要でしょう。

　そうなれば「１単位あたりの生産性」ではなく、次の〔図表16-2〕で示すように、「１円あたりの付加価値」、すなわち「売上高付加価値率」といった指標が考えられることになります。

〔図表16-2〕売上高付加価値率

$$売上高付加価値率 = \frac{付加価値}{売上高}$$

　生産性の話は、管理会計の世界ではまだ過渡期と考えたほうがいいようです。これらに絡めて、第五幕では、管理会計が抱える問題点を掘り下げます。

　大切なのは、中途半端な指標を用い、付加価値や生産性の向上などを唱えて、現場を混乱させないことです。

第17話　ブラック企業にフリーライダーが群がる

☞ 人事キラーと会計退屈男との会話

　エリカ会長は今日、学園の行事があるということで、三つ葉葵コンツェルンに出社していません。ネクタイの結び目を見ただけで、前夜に夫婦喧嘩があったかどうかを見抜く能力があるらしく、彼女に会わずにすんでホッとしています。
　同社の人事部を訪ねると、夕暮れの西日を背に受けて、しきりにタメ息をついている人物を見かけました。別名「人事キラー」のコウズケノ参事。
　何をお悩みですか。
「おっと、タカダ先生でしたか。この冬までに、赤穂タクミノ産業に導入する給与体系で、頭を抱えていたのですよ」
　三つ葉葵コンツェルンの人事制度は、社員の士気を高める仕組みが盛りだくさんで、他社からも注目の的ですからね。
「昨年、赤穂タクミノ産業に、別の給与体系を試験的に導入したのですが、あのときは大変でしたよ。タクミノ社長が人事部や秘書室に怒鳴り込んできて、ツナヨシ社長やヤナギサワ管理本部長を相手に、大立ち回りを演じましたから」
　そのとき、コウズケノ参事は、ケガをされたそうですね。
「秘書室のドアに、ここをぶつけてしまいました」
　参事が「ここ」と人差し指で示したのは、眉間でした。いまでも微かに傷跡が残っているようです。
　ところで、参事が現在、思案しているのは、あのときの給与体系を修正したものですか。
「今度こそは、と慎重に考えています。特に重要なのは、従業員のインセンティブですね」

👉 インセンティブに着目した給与体系

インセンティブは、〔図表6-2〕の第四原理にありました。コウズケノ参事は、前回の失敗体験をもとに、新しい給与体系を考えているようです。

その内容は、次の3種類のうちどれを選ぶかを、社員に自主的に選択させるもののようです。

〔図表17-1〕コウズケノ参事が考案した給与体系

① **固定人件費型**
　基本給があり、勤続年数に応じて雀の涙ほどの昇給がある。退職金も多少はある。ただし、残業手当や、業績に連動した賞与は一切ない。

② **変動人件費型（完全歩合制）**
　経験や資格や勤続年数に関係がなく、達成したノルマの一定の割合が報酬として支払われる。賞与や退職金制度はない。

③ **折衷型**
　達成したノルマの一定の割合が報酬として支払われるが、その割合は上記②ほどには高くない。経験や資格や勤続年数に応じて、賞与や退職金が支払われる。
　残業については、固定残業制を採用する。

コウズケノ参事は〔図表17-1〕を示しながら、私に、以下の説明をしてくれました。参事に代わって要約します。

👉 固定人件費型とフリーライダー

〔図表17-1〕は、いずれも一長一短がありそうです。

まず、〔図表17-1〕①の固定人件費型は、従業員の立場からすれば、他の2つに比べて受け取る給与が大きく伸びることはないものの、収入は安定する、という特徴があります。

会社の立場からすれば、人件費の支払いが固定化されるため、予算を見積もりやすい、というメリットがあります。

半面、〔図表17-1〕①は、次の〔図表17-2〕で描かれているように、損益分

岐点がかなり高い位置取りとなるため、通年の黒字が、決算日の前日になってようやく実現することになります。

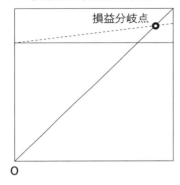
〔図表17-2〕固定人件費型

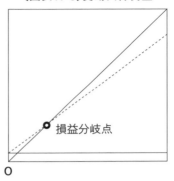
〔図表17-3〕変動人件費型

　損益分岐点の位置取りが高くなるのは、従業員側の生活が安定している、その裏返しです。
　会社のほうは、売り上げを伸ばしたい。ところが、従業員のほうは、がむしゃらに働かなくても毎月、給与が支払われる。自分が働かなくても、他の誰かが稼いでくれる。給与の伸びが頭打ちなら、余暇を楽しむほうがいい。
　こういう人たちを、フリーライダー（タダ乗り）といいます。インセンティブが乏しい状態です。
　フリーライダーが数多く存在する職場ほど、有能な人材は会社を去ることになり、損益分岐点はますます高い位置取りとなります。

変動人件費型とモラルハザード

　〔図表17-1〕②の変動人件費型は、会社の側からすれば、売り上げがぐんぐん伸びます。従業員の側に「売上高の最大化」という強いインセンティブが働くからです。
　〔図表17-1〕②には、〔図表17-3〕が対応します。この図は損益分岐点の位置取りが低く、期首が始まった日の午前中には、黒字を達成することができます。

半面、〔図表17-1〕②の変動人件費型は「モラルハザード」という副作用が強く表われます。

これはもともと、保険業界の用語。例えば、自動車保険に加入すると、交通事故を避けようとするインセンティブが弱まることをいいます。

自動車の安全性を高めるために導入されたシートベルトが、モラルハザードを生み、かえって交通事故件数を増やす結果になっている、と指摘されたことがありました[1]。

将来導入される「自動運転システム」も、交通事故件数を増加させる可能性があります。

☞ モラルハザードは内引きを誘引する

モラルハザードの例としては、次のものもあります。

ある家電量販店で、「内引き」による窃盗事件が多発したことがありました。外部の者による窃盗を「万引き」というのに対し、社内の者による窃盗を「内引き」といいます。

内引きの多くが、従業員ではなく、減給に不満を持った店長による「商品の横流し」であったとされています。減給は、変動人件費型の「負の側面」が表われたものだといえます。

業績が悪化した場合、モノに係る物件費と、ヒトに係る人件費のどちらを先に削りやすいかというと、人件費のほうになります。店舗などの撤収には半年や一年の時間を要しますが、管理職の人件費であれば翌月から削減できますから。

本社のエリートたちが人件費の削減プランを策定して、現場の最前線を預かる店長の給与を減らしたとき、まさかその現場で「内引き」というモラルハザードが生まれるとは予想もしていなかったでしょう。

本社や本部のエリートたちが、空調のきいた会議室で議論して、組織にとってよかれと思って導入した仕組みが、現場ではまったく異なる結果を生み

【参考資料】
[1]『マンキュー経済学Ⅰミクロ編』(東洋経済新報社) 11ページ

出す。よくある話のようです。

　変動人件費型は、量販店だけでなく、メーカーの製造現場でも導入することができます。ただし、この場合、技術やノウハウの伝承が途絶える、という副作用を伴います。ベテラン技術者が自らの技能を若年者に伝承しては、自分の首を絞めるだけですから。

　高度な技術やノウハウを持つ者が、消極的な行動を取るのは、モラルハザードの表われです。

　また、2019年に起きた「かんぽ生命」の問題は、〔図表17-1〕②にあるノルマを日本郵政の職員に課して、その尻を蹴り上げたために、組織全体で暴走して引き起こされたものです。モラルハザードの餌食となったのは、高齢者の方々です。

☞一見さんお断りのマーケティング戦略

　給与体系を含めた人事制度は、従業員一人ひとりと面接しながら評価するのが理想です。個人商店ならともかく、企業ともなるとそれは難しい。

　経営者が、従業員全員の顔や家族構成までも把握できるのは、バス1台分（50人）が限度とされています。従業員の数がそれよりも多くなると、人事制度は、人工知能などによってシステム化されることになります。

　しかし、先ほどの家電量販店の例を持ち出すまでもなく、システム化された制度のもとで、従業員全員の「心の内」を推し量るのは難しく、誰も予想しなかった「落とし穴」が、後になって見つかるものです。

　似たような仕組みに、マーケティング戦略があります。システム化して、「不特定多数の一見さん」を取り込もうというのが、マーケティング戦略の基本です。ただし、これにも「落とし穴」があります。

　例えば、販売している商品の単価を5％値下げして、100人の客を新たに獲得したとしましょう。目論見通りに100人の客を集めることができたので、よしよし、単価を元に戻そう（値上げをしよう）としたとき、100人の客を失うだけですむかどうか。

　伝統的な経済学では、従業員や消費者は「合理的に行動するもの」と仮定

しています。人々が合理的に行動するのであれば、値下げに対して100人の客が増え、値上げに対して100人の客が減ることになります。

　ガソリンのように値上げと値下げを頻繁に繰り返す商品であれば、消費者の目も肥えているので、伝統的な経済理論が通用する可能性があります。スーパーマーケットの食料品で、消費期限が近いものは頻繁に値下げを行なう、というのも、その例です。

　しかし、生活必需品でないものに対する値下げ（またはその後に単価を戻すこと）に対して、消費者は嫌悪感を抱き、合理性を欠いた行動に出ることがあります。企業が想定する以上の「顧客離れ」を引き起こす可能性があるのです。

　そもそも値下げという行為自体、消費者の視点からすれば「商品の劣化」を連想させるので、目論見通りの集客力があるかどうかさえ、怪しいものです。

　一方、企業の側にしても、「価格の定価以上に質が悪化すると顧客は信じていると企業が考えるならば、企業は価格を引き下げない[①]」戦略を採用することもあります。たとえ在庫の山を築くことになっても、企業は、単価を引き下げないこともあるのです。

　こうしたことはすべて〔図表6-2〕の第四原理に起因しています。しかも、消費者も企業も従業員も、その「インセンティブ」を斟酌するのが難しい。給与体系によって生活を左右される社員ともなれば、なおさら斟酌してあげないと。

👉 人事キラーも思案のしどころ

「選択に迷うときは、どうしたらいいですかね」
　甲乙つけがたいものがあるときは、提案者同士で卓球の試合を行ない、勝者の案を採用する、という社内ルールを定めている会社もあるそうですよ。
「それは、グッドアイデアですね。自慢じゃないが、高校生のときインター

【参考資料】
① 『スティグリッツ・ミクロ経済学』（東洋経済新報社）480ページ

ハイに出場したことがあるんですよ。自宅の応接室には、卓球台を置いています」
　堅物の「人事キラー」がねぇ。人は見かけによらないものです。
「タカダ先生、何かいいましたか？」
　いえ、何も。

🐾 固定残業制とブラック企業

　給与体系としては、〔図表17-1〕③の折衷型が落としどころでしょう。
　ところで、この〔図表17-1〕③にある「固定残業制」って何ですか。
「ああ、これはですね——」
　コウズケノ参事が説明してくれた概要は、次の通りでした。
　固定残業制とは、残業手当があらかじめ固定されている給与体系のこと。例えば基本給が10万円で、その他に残業手当として40万円が支給されるものとします。合計すると、毎月50万円の給料がもらえることができ、働くインセンティブとしては有効なような気がします。
　ただし、残業手当40万円に関して、会社側が「時間外の作業が月250時間を超えない場合は、残業手当を１円も支給しない」という条件を付けます。
　もし、１か月の残業時間が249時間であった場合、残業手当の40万円は支給されず、基本給10万円だけが支給されます。
　また、１か月の残業時間が300時間や350時間に達しても、支給される残業手当は40万円が上限です。これが固定残業制です。
　これって、ブラック企業の烙印(らくいん)を押されるのでは？
「今度は大丈夫だと思います。12月14日までに、この新しい給与体系を赤穂タクミノ産業に導入します。四の五の言う連中は卓球で勝負して、固定残業制を選択させますよ」
　コウズケノ参事のご自宅は「本所の上屋敷」と呼ばれるところでしたね。試合を終えたその日の夜は、外泊したほうがいいと思いますよ。

第18話 業績の上方修正や下方修正が起きる理由

☞ 氷の微笑を口元に浮かべる女

　今日は、ヤスベエ主事から依頼された調査報告書の打ち合わせです。彼がいるはずのワーキングスペースを訪ねましたが、デスクにその姿が見あたりません。
　本来、ヤスベエ主事が座っているはずの椅子が、くるりと回り──。
「あら、タカダ先生じゃないですか。こんにちは。ヤスベエ主事なら、いま、オギュウソラ財務部長のところです。もうすぐ戻るはずですよ」
　ヤスベエ主事の椅子に腰掛けたまま声をかけてくれたのは、学生時代にミス・コンテストを総なめにしたといわれる、三つ葉葵ベジタブル研究所のナナコさんでした。
　エリカ会長の姉であり、いかなる虫をも寄せ付けないオーラが漂っています。嫌いなものは「火遊び」と聞いたことがあります。
　ナナコさんが、どうしてここに？
「マケ戦の本部長に、研究資金の申請書を届けにきただけですから」
　普段はニコニコ「天使の笑顔」を絶やさず、礼儀正しい彼女ですが、今日は氷の微笑を口元に浮かべています。胸元には、三つ葉葵のペンダントトップが、いつにも増して異様な光を放っていました。
　今日はこのまま退散したほうがよさそうだ、と思ったそのとき──。
「タカダ先生、お待たせしました」
　背後から声をかけてきたのは、ヤスベエ主事でした。
「げっ、ナ、ナコさん……」
　ヤスベエ主事の顔に、動揺の色が広がりました。こいつは微妙な展開になりそうだ。
　そうそう、ヤスベエ主事、先日の接待ゴルフはどうでしたか？
「ちょ、ちょっと、タカダ先生。あちらの応接室でお話を伺います」

ヤスベエ主事に背中を押されながら、ナナコさんのほうをちらりと見やると、これはもう完璧に怒っている表情でした。表情筋トレーニンググッズをくわえたかのように、唇を水平にきりりと結んでいるその表情は、怒り心頭の度合いをよく表わしています。
　彼女は黒く大きな瞳を異様に光らせて、ヤスベエ主事と私が応接室へ向かう姿を、じっと睨んでいました。

☞ ニュートロン・ジャックの爆発

　会津磐梯商事との接待ゴルフ以来、大変そうですね。
「針のむしろに座らされているようなものです」
　あまりの機会損失の大きさに、打つ手なし、ですか。いくら謝っても、手遅れになることなんて、人生にはたくさんありますからね。
　ヤスベエ主事から「まま、どうぞ」と勧められるままに、ソファに座る。
「ところで、先ほど、オギュウソラ財務部長と打ち合わせをしまして。『スーパー伊達騒動』のリストラ策でわからない箇所があったので、それをタカダ先生に確認したいなと」
　あの会社のリストラ策は、第1話で登場しました。マケ戦で事前に見積もったリストラ費用の「その20倍を見積もれ」という内容でした。
「財務部長に策を授けたのは、タカダ先生だと聞きました」
　黒幕と思われては困るのですけれどね。
　ヤスベエ主事は、1人の解雇者も出さずにあの会社を立て直す役を仰せつかったのですから、いくらでも協力しますよ。
「ありがとうございます。ニュートロン・ジャックの爆発だけは絶対に避けたいですから」
　中腰状態だったヤスベエ主事が、やおら座り直しました。

☞ 売上高と営業利益の増減率が異なる理由

　あの第1話では「リストラに伴う減損は、コストを過小評価したために生ずるものである」と述べました。

なぜ、過小評価になるのか。上場企業が公表する業績予想の説明から始めましょう。
「お願いします」
　証券取引所の規則によると、直近で公表した予想値と、新たに計算した予想値との間に、次の増減がある場合は、「業績予想の修正」を公表する必要があります。

〔図表18-1〕業績予想の修正基準

①売上高について　　　±10％
②営業利益について　　±30％
③当期純利益について　±30％

「これです、これ」
　ヤスベエ主事が、〔図表18-1〕を指し示しました。
「売上高が10％増加した場合、営業利益や当期純利益も10％の増加でいいんじゃないですか？」
　売上高の増減率（±10％）と、営業利益や当期純利益の増減率（±30％）とは、なぜ3倍もの差があるのだろう、という疑問ですね。
「そうです、そうです」
　ヤスベエ主事、少しは落ち着いて。この応接室には、私が結界を張っているので、心配いりませんよ。
　私は、テーブルにあったポットでお茶を注ぎ、湯飲みをヤスベエ主事に差し出しました。手みやげとして持参した『勧進帳まんじゅう』も開封しました。
　どちらが客か、よくわかりません。
「売上高に比べて、営業利益の金額は小さいから、微少な増減であっても大きく反応してしまう、ということでしょうか」
　そのような考えでは、せっかく学んだ損益分岐点の知識が活かされません。営業利益を例に、弾力係数という概念を用いて、その謎を解明しましょう。
　『勧進帳まんじゅう』を一口食べて、ヤスベエ主事もようやく落ち着きを取

り戻したようです。

営業利益の弾力係数

営業利益の弾力係数は、次の〔図表18-2〕で表わされます。

〔図表18-2〕営業利益の弾力係数

$$（営業利益の弾力係数）＝\frac{限界利益}{営業利益}$$

〔図表18-2〕を「営業利益の弾力係数」といいます。単位は「倍」です。

結論を先に述べると、売上高と営業利益の間には、〔図表18-2〕の弾力係数が介在するので、両者の増減率は異なることになります。

例えば、営業利益を100、固定費を200とすると、限界利益は300になります。したがって、営業利益の弾力係数は次のように計算できます。

〔図表18-3〕営業利益の弾力係数

$$（営業利益の弾力係数）＝\frac{限界利益}{営業利益}＝\frac{300}{100}＝3倍$$

弾力係数はこれを単独で用いるのではなく、「売上高の増減率」や「営業利益の増減率」と合わせて、次の式で用います。

〔図表18-4〕営業利益の弾力係数

（売上高の増減率）×（営業利益の弾力係数）＝（営業利益の増減率）

弾力係数が3倍としましょう。売上高が10％増加した場合、営業利益はその3倍の30％増加することを意味します。〔図表18-1〕の根拠は、〔図表18-4〕にあります。

もし、売上高が5％減少した場合には、営業利益はその3倍の15％減少することになります。

以上の計算を式にまとめると、次の〔図表18-5〕になります。

〔図表18-5〕営業利益の弾力係数

① 売上高が10％増加した場合

$$\begin{pmatrix} 売上高の増減率 \\ 10\% \end{pmatrix} \times \begin{pmatrix} 営業利益の弾力係数 \\ 3倍 \end{pmatrix} = \begin{pmatrix} 営業利益の増減率 \\ 30\% \end{pmatrix}$$

② 売上高が5％減少した場合

$$\begin{pmatrix} 売上高の増減率 \\ -5\% \end{pmatrix} \times \begin{pmatrix} 営業利益の弾力係数 \\ 3倍 \end{pmatrix} = \begin{pmatrix} 営業利益の増減率 \\ -15\% \end{pmatrix}$$

　売上高と営業利益の間に、〔図表18-2〕の弾力係数が入り込むために、スーパー伊達騒動の減損を「当初の20倍で見積もれ」という話が出てくるのです。
　あの会社は、市場シェア拡大と称して無茶な不動産投資に走り、巨額の固定費を抱えてしまったために、弾力係数が20倍にも膨れ上がったのです。
「救済する手があるとしたら、分割可能な固定費を『どう分割するか』ですね」
　その通りです。
「なるほど……」
　ヤスベエ主事は腕を組み、テーブルの一点を見つめ、三つ葉葵コンツェルン随一といわれる頭脳で、あらゆる方策を考えているようでした。
　ただのセミプロ級ゴルファーではないようです。彼なら大丈夫でしょう。
「ところで──」
　ヤスベエ主事は組んでいた腕をほどき、「この〔図表18-4〕の式って、どうやって導き出すんですか？」
　数学のノウハウがないと説明できないので、詳細を知りたい場合は脚注の書籍[1]か、理系女子のナナコさんに質問してみてはどうですか。
「い、いや、それは……」

【参考資料】
[1] 『[決定版] 新・ほんとうにわかる経営分析』高田直芳（ダイヤモンド社）176 ページ

☞ 悋気(りんき)は女の甲斐性なり

　一通りの説明を終えて、ヤスベエ主事とともに応接室を出ると、ナナコさんはまだ、ヤスベエ主事の席に陣取っていました。口の結びかたを見ると、微笑の冷却度がさらに低下している様子です。

　感情を隠すのが下手なのか、それとも私たちにワザと見せつけているのか。おそらく両方なのでしょう。妹のエリカ会長とは異なる意味で、手強(てごわ)い女性です。

　私はそのまま退散しようとしたのですが、ヤスベエ主事に袖を捕(つか)まれて、彼女のいる席まで連れて行かれました。

「タカダ先生、聞いてください」

　ナナコさんは、ヤスベエ主事には目もくれず、私に訴えかけてきました。

「ヤスベエ主事が出張するときは、新幹線よりも飛行機のほうを優先するんですよ」

　ヤスベエ主事の択一問題は、第6話で説明した運賃や移動時間ではなく、客室乗務員が決め手なのでしょう。

「タカダ先生、そういう言いかたって、ないじゃないすか！」

　ヤスベエ主事が慌(あわ)てて、会話に割って入りました。

　マケ戦のフロアにいる社員はみな、顔はあちらのほうを向けながら、耳はダンボ状態になっています。

「この間は、美人係長とゴルフへ行ったくせに」

　ナナコさんたら、座っているのに、ヤスベエ主事を見下すような喋(しゃべ)りかたです。

「あ、あれは接待ゴルフだから、仕方なく……」

「し、か、た、な、く、ねぇ……」

　三つ葉葵のペンダントがギラリと鈍(にぶ)く光った瞬間、彼女は美人に嫉妬しているのだと気づきました。これは第10話で説明した第四原理（インセンティブ）の活用事例です。

　いまのヤスベエ主事には、これが第一原理（トレードオフ関係）と組み合

第四幕　次は、固定費と変動費と利益の三角関係

わせた応用事例なのだと、気づく余裕はありません。

彼の額には、大粒の汗が浮かんできました。

「ハルカさんとお付き合いしたい、と思ってるんでしょ？」

「そんなことないですよ」

おっと、名前までバレてますか。

「でも、美人だとは思ってるんでしょ？」

「そ、それはまぁ……」

「ほぉら、やっぱり」

ナナコさんがヤスベエ主事へ吹っかけた択一問題は、いちゃもんもいいところ。しかし、吹っかけた彼女のほうは、悋気というインセンティブに突き動かされているので、二者択一を迫られたヤスベエ主事に逃げ場はないようです。

女性のヤキモチに、機会費用は存在しません。男のほうもどういうわけか、このコと付き合うと大変だろうな、と思える女性に惚れる傾向があるようです。

私は「お大事に」と一声かけて、ほうほうの体(てい)で退散しました。

☞ 別室で補足説明を　〜GAFAはどこにいるのか〜

ヤスベエ主事が直面した問題に限らず、ビジネスには絶えず〔図表6-2〕の第一原理（トレードオフ関係）が現われます。その実証例として、売上高（営業）利益率と総資本回転率のトレードオフ関係を描いたものを〔図表18-6〕に示します。

〔図表18-6〕は、拙著（『高田直芳の実践会計講座「経営分析」入門』：日本実業出版社）に掲載したものです。

〔図表18-6〕の縦軸に〔図表5-4〕④式にあった売上高（営業）利益率を設定し、そして横軸に〔図表5-4〕④式の総資本回転率を設定して、それぞれの業種・業態を分布させています。

これらの点の並びを俯瞰(ふかん)すると、右下がりの、きれいなトレードオフ曲線を描くことがわかります。読者の企業がどこにあるのかを探してみてくださ

い。

〔図表18-6〕で注目したいのは、上方にポツンと存在する「無店舗小売業」。ここが、次の第五幕に登場するGAFAたちです。

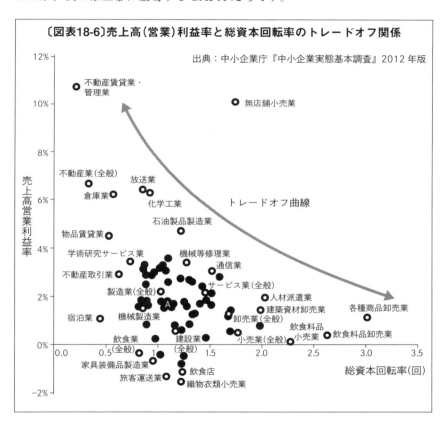

第四幕　次は、固定費と変動費と利益の三角関係　147

第五幕

管理会計が企業実務で役立たない理由

第五幕のあらまし

◆ 管理会計といえども万能ではありません。その限界は何か。
◆ 管理会計の通説は、損益分岐点を超えると黒字は無限に拡大する、と主張します。それは実務と矛盾しないのか。
◆ 管理会計の通説は、量産効果は無限に働く、と主張します。それは実務と矛盾しないのか。
◆ GAFA が独走する理由を、管理会計は説明できるのか。
◆ 管理会計のノウハウの多くは、経済学を流用したものです。その経済学の視点から管理会計の限界に迫り、通説の存在意義を問うことにします。

第19話　損益分岐点分析が抱える恐ろしい命題

☞ 用法・用量を正しく守らないと柴犬に笑われる

　損益分岐点や EBITDA などの概念は、管理会計では重要な指標とされています。書店の棚に並ぶ書籍を見ると、必ずこれらの用語が解説されていますから。

　特に損益分岐点分析（CVP 分析）は、管理会計において絶対的通説として君臨する理論です。ところが、理論的に突き詰めていくと、次の「恐ろしい命題」が導かれます。

〔図表19-1〕損益分岐点分析から導かれる「恐ろしい命題」

① 作った製品や仕入れた商品は、すべて定価で売れる。
　⇨ 値引き販売は、あってはならない企業活動である。
　⇨ 定価ですべてを売り尽くすことができるので、期末の在庫は毎期ゼロを維持できる。

② 売上高が損益分岐点を超えると、無限の利益拡大が保証される。
　⇨ 販売促進費や広告宣伝費を投入すればするほど、増収増益が達成される。

③ 生産現場では、量産効果が無限に働く。

④ 経営資源にボトルネックは存在しない。
　⇨ 生産ラインの途中で、在庫が滞留することはない。
　⇨ 不動産の購入や売却は、即座に対応可能である。
　⇨ 従業員の中途採用や強制解雇は、いつでも自由に行なえる。

⑤ 限界利益・付加価値・EBITDA などの経営指標は、1年 365 日、稼働率が 100％の状態であることを想定する。
　⇨ 遊休設備や余剰人材は存在しない。

⑥ 増収増益や減収減益はあるが、増収減益や減収増益はあってはならない。

⑦ 固定費の過小評価に気づかない。
　⇨「隠れ固定費」が存在する。
　⇨ 減損を甘く見積もる。

　命題というのは、コトの真偽が明らかなものをいいます。例えば「柴犬は笑う」や「太陽は北から昇る」といったものです。これらは「偽」ですから、立派な命題です。
　ただし、犬は飼い主の顔を真似て、妙な含み笑いをすることがあるので、「柴犬は笑う」という命題の真偽は怪しいものがありますが――。
　損益分岐点分析が悪いという話ではなく、用法・用量を正しく守らないと、犬や猫に笑われる、という話です。

収穫逓減や費用逓増は、どこへ消えた？

　次の損益分岐点図表〔図表19-2〕を用いて、〔図表19-1〕の命題を検証してみましょう。

〔図表19-2〕損益分岐点図表

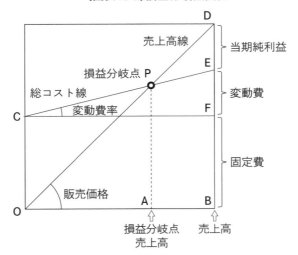

第五幕　管理会計が企業実務で役立たない理由

〔図表19-1〕①にある値引き販売とは、販売価格を引き下げていくことです。会計の専門用語では「売上値引き」といいます。販売する数量を増やそうとするためには、売上値引きはやむを得ない経営戦略です。

〔図表19-2〕において、販売価格は∠DOBで表わされます。売上高を増やそうとして売上値引きを行なっていくと、この角度が少しずつ小さくなっていきます。経済学ではこれを「収穫逓減」といいます。ところが、〔図表19-2〕では、収穫逓減が働いているようには見えません。

視点を変えてみましょう。売上値引きは売上高が増えるにつれて増大するコストですから、損益分岐点分析では材料費や外注費と同じ変動費として扱うことができます。

したがって、〔図表19-2〕にある変動費率∠ECFの傾きは、売上高が増加するにつれて徐々に大きくなっていくはず。もしくは、総コスト線CPEが反り返っていく、と表現することもできます。経済学ではこれを「費用逓増」といいます。

ところが、〔図表19-2〕で描かれている総コスト線CPEは、逓増しているようには見えません。どこまでも一直線。

売上値引きは、どこへ隠れてしまったのでしょうか。

経済学にも損益分岐点は存在する

そこで経済学書を参照します。古今東西のあらゆる経済学書を参照すると、総コストは、次の曲線形で描かれることを確認できます[①]。

〔図表19-3〕は〔図表23-1〕で再登場するので、そのときに改めて〔図表19-3〕を説明します。今は次の点を指摘しておきます。

１つめは、〔図表19-3〕の総コスト曲線は、２次関数（$y=3x^2+10$）で描かれていること。

２つめは、この曲線上の「接線の傾き」が、変動費率を表わしていること。

３つめは、接線の傾き（変動費率）が、徐々に逓増していること。これが

【参考資料】
[①]『マンキュー経済学Ⅰミクロ編』（東洋経済新報社）476ページ、502ページ

経済学にいう、費用逓増です。

　４つめは、〔図表19-3〕にある点Ｂが「経済学上の損益分岐点」に相当すること、です。

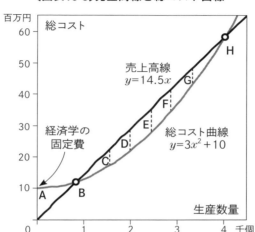

〔図表19-3〕売上高線と総コスト曲線

🖙 売上値引きは「あってはならないビジネスモデル」

　〔図表19-2〕と〔図表19-3〕を見比べると、明らかな相違が認められます。

　〔図表19-2〕の総コスト線 CPE のほうは、直線形を保つことを死守していることです。すなわち、〔図表19-2〕の損益分岐点図表は、売上値引きを拒絶し、すべての商品が定価で売れることを想定しているのです。

　閉店間近のスーパーマーケットで行なわれている値札の張り替えは、損益分岐点分析では「あってはならないビジネスモデル」になります。

　経済学が説く費用逓増を、管理会計は拒絶する、と言い換えてもいいでしょう。経済学の立場からすれば、〔図表19-1〕①の命題（定価ですべてが売れる）は「管理会計よ、何を血迷ったことを」と、呆れ返ってしまうものなのです。

　損益分岐点分析では、売上値引きを行なわず、定価ですべてが売れることを想定するので、製品をどれだけ作ろうとも、商品をどれだけ仕入れようと

も、そのすべてを売り尽くすことができます。

売れ残った在庫はすべて産廃業者に「タダでくれてやった」と強弁すれば、期末の在庫は常にゼロである、という命題も成り立ちます。

☞ 増収減益や減収増益は、あってはならない

〔図表19-1〕②の命題（無限の利益拡大）は、〔図表19-2〕の中空に浮かぶ損益分岐点Pよりも右上で起きるものです。売上高線PDは、総コスト線PEを常に上回りますから、2本の直線の高低差で表わされる当期純利益EDは、右上方へ無限に拡大していくことがわかります。

〔図表19-1〕②の命題を妄信することによって、多くの企業で行なわれているのが、販売奨励金の大量投入です。自動車業界などでは、インセンティブと呼ばれます。

決算日が近づく第四半期ともなれば、売上高だけは何としてでも達成しようということで、多額の販売奨励金（インセンティブ）が、傘下の販売子会社へ支払われます。

同じインセンティブでも、〔図表6-2〕にあった第四原理とは意味が異なります。馬の鼻先にニンジンをぶら下げて、走る動機づけを行なう、という点では同じかもしれませんが。

損益分岐点さえ超えれば、その先には無限の利益拡大が保証されている、と経営者に信じ込ませるのが〔図表19-1〕②の命題です。

これと同一直線上にあるのが、〔図表19-1〕③の命題（無限の量産効果）です。これについては、第24話で説明します。

☞ 人が余れば即時解雇できるのか

〔図表19-1〕④の命題（ボトルネックの不存在）は、例えば配送トラック10台を保有する運送会社を想定してみます。トラック10台でドライバーが10人いれば、配送業務に支障は生じません。

もし、トラックが10台でドライバーが7人しかいない場合、ドライバーがボトルネックとなり、トラック3台分の維持費用（リース料や自動車税）が

過剰なコストとなります。また、ドライバーが13人もいる場合、今度はトラックがボトルネックとなり、3人分の人件費が過剰なコストとなります。

この過剰分は、〔図表19-1〕①で説明した売上値引きと同じ問題を抱えます。

過剰なコストがある場合、それは費用逓増となるはず。経済学はそれを考慮して、〔図表19-3〕を描くのです。

ところが、〔図表19-2〕は、総コスト線が直線形であることを死守します。つまり、損益分岐点分析では、過剰なコストは発生しない　⇨　ボトルネックは存在しない　⇨　あらゆる経営資源は1年365日、常に100％の状態で活用される、と想定するのです。

経営資源のうち「ヒト」に限って説明するならば、人手不足になれば労働市場からいくらでも雇うことができ、人員余剰になれば即時解雇することができる、というわけです。それが〔図表19-1〕④の命題です。

〔図表19-1〕⑤の命題（稼働率は常に100％）は、ここまでの説明の延長線上にあります。

☞ 営業マン潰しというボトルネック

いま、ボトルネックの話題を持ち出しました。これに関する意外な盲点を紹介しましょう。

社内に存在するボトルネックは、発見するのが容易です。それに対し、社外に存在するボトルネックを発見するのは難しい、というのがその盲点です。「営業マン潰し」というのを知っているでしょうか。社外の仕入れ業者（営業マン）を、社内のバイヤーが、買い手の優位性を悪用してイビリ倒すことをいいます。

会社は、神輿に喩えることができます。神輿は、社内の者だけでなく、社外の人たちにも担がれることによって、成長するもの。担ぐ人が多いほど、その企業は発展します。

ところが、社内に「営業マン潰し」がいると、社外の営業マンは近づかなくなり、それがボトルネックとなって、業績は下降線を辿ります。

厄介なのは、「営業マン潰し」が得意な人物ほど、経営上層部にはウケが

いい佞臣(ねいしん)であることです。社長が神輿から転落してようやく、ボトルネックの存在を知ることになります。
「気づいてから手遅れになることなんて、人生にはたくさんあるわ。そうだったわよね、ヤスベエさん？」
「エリカ会長、勘弁してください」

第20話　米国発のGAFAに翻弄される

☞ 管理会計は、増収減益や減収増益を説明できない

〔図表19-1〕⑥の命題（増収増益や減収減益）は、同②の命題（無限の利益拡大）に付随します。つまり、売上高が増えれば増えるほど、利益は無限に増加していくのですから、これは増収⇧増益⇧を意味します。また、売上高が減れば減るほど、利益は減少するのですから、これは減収⇩減益⇩を意味します。

増収増益と減収減益は、〔図表19-2〕の損益分岐点図表によく馴染む現象です。

ところで、上場企業の決算ではときどき、「増収減益」や「減収増益」という、相反する現象を見かけます。

増収⇧減益⇩は、売上高が増加したのに、営業利益や当期純利益が減少することです。減収⇩増益⇧は、売上高が減少したのに、営業利益や当期純利益が増加することです。

企業実務では、そういう不思議な業績を発表する上場企業が毎年、必ず現われます。

ところが、〔図表19-2〕の損益分岐点図表では、増収⇧減益⇩や減収⇩増益⇧を説明することができません。損益分岐点分析では、これらは「あってはならない現象」なのです。

☞ 通説を疑え

〔図表19-1〕⑦の命題（固定費の過小評価）について。これは、管理会計が抱える最大の問題点です。

第14話では2種類の図表を用いて、固定費型ビジネスと変動費型ビジネスを紹介しました。次の〔図表20-1〕と〔図表20-2〕で、総コスト線を破線で描き直して再掲します。

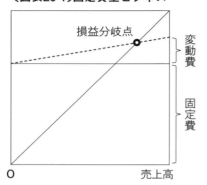
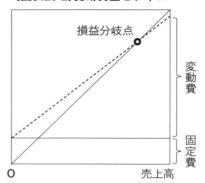

特に問題となるのが、〔図表20-2〕の変動費型ビジネスです。薄利多売の流通業で多く見られます。

例えばイオンとセブン&アイHDの2社の決算書を取り寄せて、損益分岐点図表を作成すると、2社の総コスト線は〔図表20-2〕の破線のように、急勾配で描かれます。

👉 イオンやセブン&アイHDは露天商か

損益分岐点図表は、直感的な理解には優れているのですが、企業実務への役立ちを考えると様々な矛盾が隠されてしまいます。論より証拠。具体的に計算してみると、その矛盾を炙り出すことができます。

私が実際に、イオンとセブン&アイHDの有価証券報告書を利用して、固定費の金額を推計し、これを売上高で割ってみたところ、2社とも5％に満たないことがわかりました。残り95％以上を変動費が占める、という驚異的な値が叩き出されたのです。

「ちょっと待って。固定費が5％にも満たないなんて、どう考えてもおかしいわ」

どうしてです？　エリカ会長。

「だって、あたしの街には郊外にショッピングセンターがあって、ナナコお

姉ちゃんと一緒に、よく買い物に行くの。駐車場は広くて、店舗は大きくて、あれはどう見ても『固定費のかたまり』よ。それなのに、売上高に占める固定費の割合が５％に満たないなんて、あり得ないわ」

エリカさん、ご指摘の通りです。

「本当に５％にも満たないのでは、イオンもセブン＆アイHDも、露天商をやってるようなものね」

朝早くに道端で店を構えて、夕方までには売り尽くして店仕舞いをする。不動産や機械設備など何も保有せず、日雇いアルバイトだけを雇う。

露天商というビジネスモデルでないと、５％という値を実現するのは難しいでしょう。

現場は、どうなっているか。店の中にある商品は、常に一定の在庫を抱えていなければならないので、在庫は『固定費のかたまり』です。店員だって、人員配置計画をちゃんと立てていれば、人件費も『固定費のかたまり』になります。

ところが、損益分岐点分析に基礎を置いた管理会計では、製造業は「固定費型ビジネス」、流通業は「変動費型ビジネス」という分類を行なうのが通例なのです。

「確かに、〔図表20-2〕を見れば、誰だって『イオンやセブン＆アイHDは変動費型ビジネスだ』って主張してしまうわね」

☞ フィジカル型のニッポン企業

変動費型ビジネスには、「隠れ固定費」が数十倍・数百倍の規模で隠れていると考えたほうがいいでしょう。これが〔図表19-1〕⑦の命題（固定費の過小評価）に通じます。

「隠れ固定費」を考慮した場合、次のような分類をすべきでしょう。

例えば──、

①イオンやセブン＆アイHDは「食料品や日用品を扱う不動産業」
②三越伊勢丹や阪急阪神百貨店は「高級品やブランド品を扱う不動産業」
③ドコモ・KDDI・ソフトバンクは「電波を扱う不動産業」

④セブンイレブンやローソンは「便利さを売る不動産業」
⑤パナソニックや日立製作所は「家電製品を扱う不動産業」
⑥トヨタ自動車は「自動車を組み立てる不動産業」

このように定義するほうが現実的です。

不動産の上に固有のビジネスモデルを展開する企業なので、いま紹介した企業は「フィジカル型」として括るべきです。

☞ サイバー型のGAFA

フィジカル型に対抗するビジネスモデルは何だか、わかりますか。
「インターネットね！」
正解です。

仮想空間にビジネスモデルを展開することを「サイバー型」といいます。ネット証券やダイレクト保険などのほか、GAFA（グーグル、アップル、フェイスブック、アマゾン）と呼ばれる巨大企業が、サイバー型に該当します。

サイバー型の最大の特徴は、「固定費のかたまり」を持たないことです。舞台は、インターネットという仮想空間。企業実態が明らかでないため、世界各国の税務当局が「適正な課税ができない」と頭を抱えています。

GAFAなどのサイバー型は、売上高利益率と総資本回転率との間に、トレードオフ関係が成立しないので、ROEやROAが飛び抜けて高くなるのです。〔図表18-6〕の上方にポツンと存在した「無店舗小売業」を、もう一度、確認してみてください。

それに対し、フィジカル型の企業の最大の悩みは、〔図表19-1〕⑤の命題にあった遊休設備や余剰人材、すなわち「固定費のかたまり」を持て余している点にあります。

☞ スーパー伊達騒動の後始末

もう一つ、「隠れ固定費」を見落としているために生じる問題を指摘しておきましょう。それは第１話で話題となった『スーパー伊達騒動』の問題に表われています。

「わかったわ。流通業の多くは固定費を過小評価しているために、これをリストラしようとすると、その何倍もの『隠れ固定費』が吹き出すということね」
　ヤスベエ主事が、エリカ会長の言葉を継ぎました。
「隠れ固定費に、第18話で教わった弾力係数を加味すると、『スーパー伊達騒動』の減損の見積もりは甘かった、ということか」
　オギュウソラ財務部長が、減損損失を「当初の20倍も見積もれ」と主張した根拠が、こうして明らかになりました。

第21話 | 社会人1年生にお勧めする経済学書

☞ 経済学は「なぜ」を問う

さて、ここで研修用DVD『ホリーホック一族の管理会計』をいったん停止して、管理会計を学ぶにあたって有用な書籍を、八幡タロー製作所の方々に紹介しておきましょう。

管理会計の「なぜ」の多くは、経済学のノウハウを利用しています。その「なぜ」を知るものとして、次の3冊を紹介しておきます。

【マンキュー経済学Ⅰ ミクロ編（東洋経済新報社）】

　数多ある経済学書の中で、最も売れているといわれている書籍。内容は平易であり、高校生でも十分に読みこなすことができます。

　社会人1年生の夏休み期間中に、是非とも読んでほしい1冊です。

【クルーグマン・ミクロ経済学（東洋経済新報社）】

　レベルは、マンキュー経済学と変わりがありません。ただし、分厚い。気合いを入れないと挫折する可能性が大。

　クルーグマン経済学をメインとして、マンキュー経済学や次のスティグリッツ経済学で補完するのが、学習方法としてはお勧め。私はこの方法で、膨大なサブノートを作成しています。

【スティグリッツ・ミクロ経済学（東洋経済新報社）】

　上掲2冊よりもレベルが高い。いきなりスティグリッツ経済学から学び始めるのはリスクが高い。辞書代わりにするといいでしょう。

☞ ノーベル経済学賞受賞者の放言

スティグリッツ教授は2001年に、クルーグマン教授は2008年に、それぞれノーベル経済学賞を受賞しています。

両氏はときどきニッポン経済に対して辛辣(しんらつ)な意見を述べることがあり、ニッポンの学界や官界では苦虫を噛みつぶす人が多いらしい。ニッポン人がノーベル経済学賞を受賞するまで、両氏の放言にじっと耐えるしかないのでしょう。
「僕は先日、これら三冊とも読み終えました」
　さすが御曹司。
　プログラムに秀でていて、かつ、経済学の知識があれば、IT企業では引く手あまたですよ。データサイエンティストとして立身してみますか。
「タカダ先生、御曹司を焚(た)きつけるのは、やめてください」
　ベンケイ次長が異を唱えました。

👉 なんで？　なんで？

　上掲の3冊とも、理解を深めるために、章末問題が掲載されています。残念ながら、回答までは収録されていません。
　独力で解を導き出すのは至難の業。それでも日常業務の中で突然、回答に気づくことがあります。その喜びを味わってみてください。
　一例として、クルーグマン経済学に収録されている章末問題の一つを、以下で引用します。

> 　レオンは、彼が10ドルまでは進んで支払ってもよいと思う新しいTシャツを買いに衣料品店へ行った。彼は気に入ったなかで、ちょうど10ドルの値札がついているのを取り上げた。彼はレジで、そのTシャツはセール品なので半額だといわれた。〔『クルーグマン・ミクロ経済学』（東洋経済新報社）163ページより〕

　この問題は、レオンの「お得感」はいくらか、を問うもの。
「5ドル？」
「10ドル？」
「20ドル？」
　八幡タロー製作所の面々が、思いつく限りの答えを出しました。

「僕が得た回答を紹介させてもらうならば、レオンの『お得感』はゼロです」
　正解です。さすが御曹司。
「え、なんで？」
「なんで、なんで？」
　ヨシツネくん以外のメンバーの顔に「？」の字が浮かび上がりました。
　ヒントは、何を機会費用と見るか、何を埋没費用と見るか、にかかっています。
　みなさん、次のDVDを視聴しながら、高校生のヨシツネくんに負けないように、よく考えましょう。

第六幕

管理会計の矛盾を経済学がバックアップ

第六幕のあらまし

- ◆ 管理会計だけでは説明がつかないことであっても、その源流（経済学）をたどると「ああ、そういうことか」と気づくものがあります。
- ◆ 企業の儲けを最大にする売上高は、どこにあるのか。
- ◆ 経済学は、増収⇧減益⇩をどのように説明するのか。
- ◆ 量産効果の「底」は、どこにあるのか。
- ◆ 企業の儲けを最大にすることと、コスト削減とは両立しないのか。
- ◆ 以上の論点を検証することにより、実務に役立つ「管理会計の明日」を模索します。

第22話 | 管理会計はなぜ、経済学から見下されるのか

☞ 新宿二丁目で鼻毛を抜かれた男

「て、てぇへんだぁ！」

　私がマーケティング戦略事業部で、カクサン常務とエリカ会長相手に、レオンの「お得感」がゼロである理由を説明しているとき、スケサン主任が息せき切って駆け込んできました。

「相変わらず騒々しい人ね。それに、その登場の仕方って、どこかの書籍で読んだセリフだわ[1]」

「ホント、騒がしい男だ。新宿二丁目のニコさんに、鼻毛でも抜かれたか」

　エリカ会長が「おじちゃん。レディの前で失礼よ」と、ツッコミを入れました。

「いえ、ニコさんに抜かれたのは、別のところなんですがね」

　スケサン主任が、鼻先をぽりぽり。

　エリカ会長が「まぁ」と口元を押さえ、「そういえば、主任の生え際、少しずつ抜けて、M字になってきたわね」

「お嬢、新宿二丁目で『M』では、ツッコミを入れるところが違うぜ」

　エリカ会長がもう一度「まぁ」と口元を押さえました。

　カクサン常務の追い打ちに、スケサン主任もさすがに「あう、あう」と両手で空を掴んでいます。

「——ってか。カクサン常務もエリカ会長も、そんなことは、どうでもいいんですっ！　それより、あっしには、損益分岐点分析にあった『限界』の意味がよくわからんのです」

【参考資料】
[1] 『[決定版] ほんとうにわかる管理会計＆戦略会計』高田直芳（PHPエディターズ・グループ）466ページ

🖙 道路標識は平均か、それとも限界か

限界利益の「限界」のことですね。私が説明しましょう。

スケサン主任はマイカー通勤で、片道2時間でしたね。毎日の運転で「限界」を経験しているはずです。

道路標識に、制限速度50キロの表示があるでしょう。あれは平均速度を表わしたものではありません。

ええっと、ホワイトボードはなかったですかね。

「あるよ」

カクサン常務が事もなげにそう答えると、腹巻きから、タタミ一畳ほどのホワイトボードを取り出しました。

ありがとうございます。では、〔図表22-1〕で説明します。

〔図表22-1〕制限速度50キロとは？

$$\left(\frac{50分間}{60分間} \times 時速40キロ\right) + \left(\frac{10分間}{60分間} \times 時速100キロ\right) = 時速50キロ$$

〔図表22-1〕左辺第1項は、60分間のうちの50分間を、時速40キロで走る場合の式です。第2項は、残りの10分間を時速100キロで走る式です。これらを足すと、時速50キロを求めることができます。

ただし、これは「平均」の速度を求める式であって、「限界」ではありません。

60分の間に、たった1秒でも制限速度50キロをオーバーしてしまったら、スピード違反です。その一瞬が「限界」という意味です。

「道路標識は、平均速度ではなく、限界速度を表わしている、ということかしら？」

その通りです、エリカさん。

🖙 限界費用と限界収入、いっぱい、いっぱい

例えば、ある商品を10個で9万円、すでに仕入れていたとしましょう。

「１個あたりの単価は9,000円ですか」

さらに、あともう１個だけ仕入れたいという場合の、商品の単価が10,000円であったとします。これにより、仕入れた数量は11個となり、商品仕入高は10万円になります。

このとき最後に仕入れた１個10,000円のコストを、経済学では「限界費用」といい、「MC[①]」と表記します。

注意してほしいのは、100,000円を、11個で割った9,090円91銭は、平均費用であって、限界費用ではないことです。

次に、ある商品を10個12万円で、すでに販売していたとしましょう。

「１個あたりの販売価格は12,000円、ですか」

「さすがスケサン主任、九九は得意よね」

「うぐっ……」

ここで、あともう１個だけ売りたいという場合の販売価格が11,000円であったとします。これにより、販売した数量は11個となり、売上高は131,000円になります。

このとき、最後に販売した１個11,000円を、経済学では「限界収入」といい、「MR[②]」と表記します。

ここでも注意したいのは、131,000円を、11個で割った11,909円09銭は、平均収入であって、限界収入ではないことです。

仕入高の増加にしろ、売上高の増加にしろ、「あと１個の増加分」が「限界」という意味です。

そして、あと１個だけ多く販売したときの限界収入11,000円と、あと１個だけ多く仕入れたときの限界費用10,000円の差額である1,000円が、限界的な儲け、つまり、これが経済学が理解する「限界利益」の意味です。

【参考資料】
① MC：Marginal Cost
② MR：Marginal Revenue

👉 管理会計はシャツの第一ボタンを掛け違えた

　ところが、管理会計で用いる限界利益は、経済学と異なります。

　管理会計では、11個分の商品仕入高100,000円を変動費とみなします。

　次に、11個分の売上高131,000円から商品仕入高100,000円を差し引いて、31,000円という利益を導き出します。管理会計ではこの31,000円を、限界利益の意味で用います。

　前に、管理会計は経済学から多くのノウハウを拝借している、と述べました。ところが、管理会計は、シャツの第一ボタンをとめる段階で、掛け違えを起こしているため、〔図表19-1〕の命題を何一つ解決できないでいるのです。

「あら、いやだ。学際的研究ができていないのね」

　次の第23話以降で、経済学の観点から、管理会計が抱える矛盾を克服していくことにしましょう。

第23話　最高利益と最大利益を混同するな

☞ 経済学で有名な利潤最大化条件

　限界収入と限界費用を用いることによって、経済学では非常に有名な命題が導かれます。「利潤を最大化する売上高を導くことができる」というものです。

　略して、利潤最大化条件といいます。利潤が、会計の「利益」と異なることは、第9話で説明した通りです。

　利潤が最大になるとはどういうことか。〔図表23-1〕で説明しましょう。この図は〔図表19-3〕の再掲です。

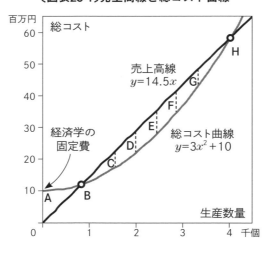

〔図表23-1〕売上高線と総コスト曲線

　損益分岐点図表では、直線形の総コスト線を描きました。

　〔図表23-1〕では、2次関数（$y=3x^2+10$）の総コスト「曲」線で描いています。2次関数ですから、総コスト曲線は、反り返った形状になります。こ

れが「費用逓増」です。

この段階ですでに、管理会計の損益分岐点分析が、第一ボタンを掛け違えていることがわかります。

☞ 逓増する限界費用

限界費用は、〔図表23-1〕ではどのように表わされるのか。これは総コスト曲線上の「接線の傾き」であり、その傾きは「1個あたりの仕入れ単価」を表わしているのです。

〔図表23-1〕では、総コスト曲線が徐々に反り返っているので、接線の傾きも徐々に大きくなっています。

専門用語が頻出しているので、次の〔図表23-2〕で、用語や定義を整理しておきましょう。

〔図表23-2〕用語の整理
① 限界費用は、総コスト曲線の「接線の傾き」のことである。
② 限界費用は、1個あたりの仕入れ単価を表わす。
③ 総コスト曲線の「接線の傾き」が徐々に大きくなることを、**費用逓増**という。

経済学でいう「費用逓増」とは、正確には「限界費用は逓増する」と表現するのが正しい用法です。

一方、限界収入は、「売上高線の傾き」です。

〔図表23-1〕では、売上高線は、右上がりの直線形で描かれているので、限界収入は「常に一定」と仮定されます。

「売上値引きの分は、限界費用の逓増として吸収されるわけね」

その通りです。

☞ 利益なき繁忙と、減収増益の正体

〔図表23-1〕で描かれている総コスト曲線は、曲線形であるが故に、直線形で描かれた売上高線と2箇所で交わっています。左下の点Bと、右上の点Hと。

点Bから点Hまでの区間は、売上高線が総コスト曲線を上回り、黒字と

なります。したがって、点Bは、管理会計の損益分岐点に相当します。

「右上にある点Hのほうは？」

経済学では特に名前を付けていないようです。ここでは点Hを「収益上限点」と呼ぶことにします。

損益分岐点Bから収益上限点Hまでの区間では、企業業績は黒字になります。その黒字の大きさ（利潤）は、売上高線と総コスト曲線とに挟まれた高低差で表わされます。

〔図表23-1〕を見ると、点Bから点Hまでの高低差、つまり利潤は一定ではありません。点Bでは高低差がゼロですから、利潤はゼロ。

点Bから少し生産数量（横軸）を増やすと、線分Cの長さ（高低差）に相当する利潤が生じます。生産数量をさらに増やすと、利潤は線分Dから線分Eへと増加していきます。

ところが、利潤は無限に拡大するわけではありません。線分Fから線分Gにかけて、利潤は減少していきます。収益上限点Hに至ると、高低差はゼロになるので、利潤もゼロになります。

収益上限点Hあたりで苦労している企業活動を、「利益なき繁忙」といいます。点Hあたりにあるときは、ちょっと手抜きをして売上高を減らすと、利潤が増えることを理解しましょう。これが減収⇩増益⇧です。

☞ 利潤を最大化する条件は何か

いままでの説明で明らかなのは、〔図表23-1〕にある線分Eのあたりが「最大の高低差」、つまり最大利潤を表わすことです。

これを数式で表わしたのが、〔図表23-3〕の利潤最大化条件です。

> **〔図表23-3〕利潤最大化条件**
>
> 限界収入MR ＝ 限界費用MC

〔図表23-1〕にある線分Eでは、（詳細な計算過程は省略しますが）売上高線の傾き（限界収入MR）は14.5であり、総コスト曲線上の接線の傾き（限

界費用 MC) も14.5となり、両者の値が一致（MR = MC）するようになっています。

☞ 最高益を自慢するのは努力不足を隠すため

　誤用に気をつけたいのが、「最大益」と「最高益」の使い分け。利潤から一歩下がり、「会計上の利益」を使って両者の違いを説明します。

　メディアではときどき、「甲社は当期、最高益を更新！」といった見出しを掲げることがあります。

　最高益というのは、過去の業績と比較して、当期が最高益になった、と述べているだけです。当期が最大益であることまでは保証していません。〔図表23-1〕で説明しましょう。

　当期の業績で、線分Dの利益を稼いだとします。この線分Dを最高益だと騒ぐのは、過去の業績の中で「最も長い線分であるぞ」と主張しているだけなのです。

　甲社の実力からすれば、線分Eまで稼げるはずだった。それにもかかわらず、線分Dにとどまってしまった。そんなの、自慢することじゃない。

　最高益というのは、褒め言葉ではなく、努力不足を暗に示している用語です。

☞ 缶切りがないのに、缶を開けようとする経済学

　経済学が導き出した〔図表23-3〕は、非常に素晴らしい条件です。古今東西の経済学書でも必ず説明されるものです[1]。

　ところが、残念なことに、上場企業の決算書を利用して「ここが利潤が最大になる売上高だ」と、具体的に証明した経済学書や学術論文は、１冊も１本も存在しません。

　経済学は「実務に役立たない学問だ」と批判される一つの例が、〔図表23-3〕の利潤最大化条件にあるといえるでしょう。

【参考資料】
① 『マンキュー経済学Ⅰミクロ編』（東洋経済新報社）499ページ

毎日新聞のコラム『余録』に、次のような笑い話が掲載されたことがありました。
　無人島に、物理学者・化学者・経済学者の三人が流れ着きました。海岸に打ち上げられた難破船からは、大量の缶詰が見つかりました。
　これをどうやって開けるか。物理学者は、石をぶつけて開けようと提案する。化学者は、たき火で破裂させようと提案する。
　経済学者はというと――、

> 「ここに缶切りがあるとしよう……」
> 　　　　　　　　　　（毎日新聞『余録』2014年9月27日）

　いや、缶切りがないから、みんな困っているんだってば。
　経済学はしばしば現実を無視して、「こういうモデルを想定しよう」という虚構の世界から話が始まります。
　〔図表23-1〕の横軸を見てください。「生産数量」としています。経済学の教科書はそのほとんどで、横軸に「数量」を設定して理論を展開します。経済学は、アダム・スミス以来、単一製品を大量生産することしか想定していないからです。
　現代の企業活動は、単一・大量生産ではなく、多品種・少量生産をも超えて、膨大品種・微量生産が主流。経済学の利潤最大化条件は、あまりに有名なものでありながら、企業実務では役立っていないのです。

☞ 企業実務に役立つことを想定していない学問体系

　企業の中には、経済学の教えを疑いもせず、あともう1個だけ商品を仕入れたときの単価（限界費用 MC）や、あともう1個だけ商品を販売したときの単価（限界収入 MR）を熱心に調べていることがあります。これら2種類の単価が一致するところ（MR = MC）を、帳簿を矯めつ眇めつしながら探し当てようというのです。
　笑い話かと思っていたら、ある上場企業では人工知能を駆使して、仕入れ

単価と販売価格をビッグデータとして収集し、「MR = MC となるのはどこか」を熱心に調べていたりするので、驚くことがあります。
「それって、キツイ冗談ですな。弊社でもタカダ先生から指摘を受けるまで、帳簿を矯めつ眇めつしていましたから」
　カクサン常務が、腹巻きから、過去十年分の帳簿を取り出そうとしました。
　いえいえ、もう十分です。
「帳簿で探し当てることは、本当に不可能なの？」
　エリカ会長の疑問は当然なのですが、やはり不可能です。経済学というのは基本的に、企業実務に役立つことを想定していない学問体系ですから。
　とはいえ、次で紹介する量産効果について、経済学ではきちんと説明できるのに、同様の説明ができない管理会計は、もっとひどい状況にあるといえます。

第24話　量産効果は無限に働くって本当なの？

👉 なぜ、量産効果が現われるのか

〔図表19-1〕③の命題にあった「量産効果」という伏線を、ここで回収します。

量産効果とは、生産数量や販売数量が増えれば増えるほど、商品や製品1個あたりの平均費用（または平均コスト）が逓減していくことをいいます。

式で表わすと〔図表24-1〕になります。

〔図表24-1〕1個あたりの平均総コスト

$$1個あたりの平均費用 = \frac{総コスト}{販売数量} \quad \cdots\cdots ①$$

$$= \frac{変動費 + 固定費}{販売数量} \quad \cdots\cdots ②$$

$$= \frac{変動費}{販売数量} + \frac{固定費}{販売数量} \quad \cdots\cdots ③$$

$$\Downarrow \qquad\qquad \Downarrow$$

$$= \left(\begin{array}{c}1個あたり\\の変動費\end{array}\right) + \left(\begin{array}{c}1個あたり\\の固定費\end{array}\right) \quad \cdots\cdots ④$$

〔図表24-1〕③式の第1項は「一定」です。なぜなら、分母の販売数量と分子の変動費は、比例関係にあるから。

量産効果が現われるのは、③式の第2項です。分子の固定費は販売数量の増減にかかわらず「一定」ですから、分母の販売数量が増えれば増えるほど、その下の④式にある「1個あたりの固定費」は小さくなります。

したがって、〔図表24-1〕①式にも量産効果が現われることになります。

〔図表24-1〕①式から③式まではいずれも、その分母は「販売数量」です。

これを「売上高」に置き換えると、次の〔図表24-2〕の式のように、「1円あたりの平均費用」で話を進めることができます。

〔図表24-2〕1円あたりの平均費用

$$1円あたりの平均費用 = \frac{総コスト}{売上高}$$

👉 経済学は、量産効果には底があることを主張する

量産効果を、経済学では「規模の経済[①]」と呼んでいます。メディアなどでも、ときどき見かけるので注意してみてください。ただし、「規模の経済」ではあまり馴染みがないので、引き続き「量産効果」と呼ぶことにします。

損益分岐点分析では、〔図表19-1〕③の命題にある通り、「量産効果は無限に働く」ことを想定しています。すなわち、製品を作れば作るほど、〔図表24-2〕で示した「1円あたりの平均費用」は無限に低下する、ということです。

企業実務では決してあり得ない話です。ところが、「あり得るんだ」と主張するのが、損益分岐点分析を金科玉条とする管理会計です。

この矛盾を捉えて、経済学からは、管理会計を見下す風潮が生まれています。悔しい限りです。

管理会計は本当に、量産効果が無限に働くことを想定しているのでしょうか。それを検証してみることにします。

【参考資料】
① 『マンキュー経済学Ⅰミクロ編』(東洋経済新報社) 393ページ

☞ 量産効果を作図する

経済学における量産効果（規模の経済）を説明します。〔図表24-3〕は、経済学の教科書であれば必ず見かける「量産効果の説明図」です。

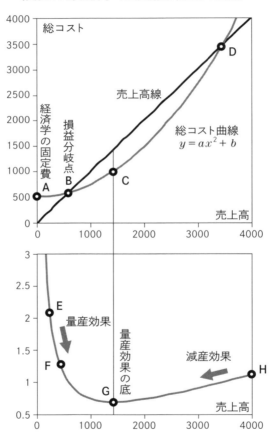

〔図表24-3〕経済学の量産効果（規模の経済）

〔図表24-3〕では、上下とも、横軸を売上高としています。〔図表24-3〕上図では、左端の縦軸に「経済学の固定費A」を設定し、総コスト曲線ABCD

を2次関数で描いています。
　〔図表24-3〕上図にある総コスト曲線に、〔図表24-2〕の式を当てはめて描いたのが、〔図表24-3〕下図です。左端の縦軸は、商品または製品の「1円あたりの平均費用」を表わします。

☞ 量産効果と減産効果が出合う場所

　〔図表24-3〕下図で描かれる曲線EFGHに注目します。この曲線を平均費用曲線といい、点E⇨点F⇨点Gへの過程は「1円あたりの平均費用」が低下していく過程を表わしています。これが量産効果です。
　一方、点Hから点Gへ向かう過程を、減産効果といいます。価格競争の激しい半導体業界などで見られる現象です。
　〔図表24-3〕下図の特徴は、点Gよりも売上高が増えると（点Gから点Hへ向かうと）、「1円あたりの平均費用」が、じわじわと増加することです。これを経済学では「規模の不経済[1]」といいます。
　「規模の経済」から「規模の不経済」へと転換する点Gが、「量産効果の底」になります。
　〔図表24-3〕下図から明らかなことは、経済学では、量産効果（規模の経済）が無限に働くことを否定している点です。

【参考資料】
[1]『クルーグマン・ミクロ経済学』（東洋経済新報社）436ページ

☞ 管理会計は「量産効果の底」を説明できるのか

次の〔図表24-4〕は、管理会計に基づいた「量産効果の説明図」です。

〔図表24-4〕管理会計の量産効果

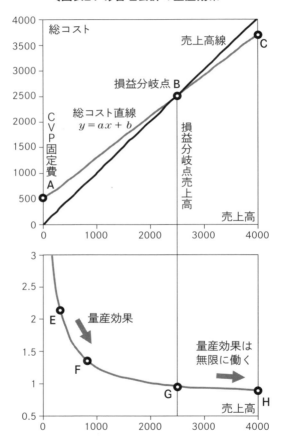

〔図表24-4〕上図は、損益分岐点図表です。左端の縦軸に「CVP固定費A」を設定しています。

〔図表24-4〕上図において、灰色の総コスト直線 AC は1次関数で描かれ、黒色の売上高線との交点 B が損益分岐点になります。

売上高が損益分岐点 B を超えると、利益は無限に拡大していく。これが〔図表19-1〕②の命題でした。

〔図表24-4〕上図にある総コスト直線に、〔図表24-2〕の式を当てはめて描いたのが、〔図表24-4〕下図になります。曲線 EFGH は、管理会計における量産効果の過程を表わします。点 E ⇨ 点 F ⇨ 点 G は、「1円あたりの平均費用」が減少していく過程を表わしており、〔図表24-3〕下図と同様の量産効果を観察することができます。

☞ 企業は、ツマ楊枝だけを作っていればいい

ところが、です。

〔図表24-4〕下図で描かれた曲線は、点 G を超えて点 H に向かっても、まだまだ量産効果が働きます。点 H よりさらに右へ行っても、量産効果は永遠に働くのです。ましてや、半導体業界で見られる減産効果は、管理会計ではあってはならない現象です。

企業実務において、量産効果が無限に働くことなど、あり得るのでしょうか。

もし、量産効果が無限に働くのであれば、企業は技術革新などで苦労する必要はなく、ツマ楊枝だけを量産していればいいのです。なにしろ、作ったツマ楊枝はすべて売れるのですから。

管理会計は、〔図表24-4〕下図で表わされるように、「量産効果は無限に働く」という、現実にはあり得ない結論を導き出します。これでは学際的研究どころの話ではなく、管理会計が経済学から見下されても仕方がないといえます。

ただし、管理会計の側も黙ってはいません。経済学に対して、次のような反論を行ないます。「経済学は、上場企業の有価証券報告書を使って、どうやって〔図表24-3〕を描くのか」と。この反論に、経済学はぐうの音も出ません。

確かに、上場企業の決算書などを用いて、〔図表24-3〕下図にある量産効果曲線を描いたものを見たことがありません。

〔図表24-3〕は「ここに缶切りがあるとしよう」という前提で、経済学が机上で描いた静物画なのです。

☞ 繁忙期は善なのか、閑散期は悪なのか

具体的な業界で、量産効果の善悪を確かめてみましょう。

例えば清涼飲料業界やビール業界は、季節変動に絶えず悩まされています。〔図表24-3〕で説明するならば、冬場の操業度は「量産効果の底」よりも左側にあって、閑古鳥（かんこどり）が鳴きます。夏場の操業度は右側にあって、てんてこ舞いとなります。

清涼飲料水やビールのコマーシャルが、夏場よりも冬場に多いのは、閑散期の需要を少しでも掘り起こそうという、飲料業界の涙ぐましい努力の表われなのです。

ところで、「嬉しい悲鳴」という喩えがあるように、繁忙期を「善」と考え、閑散期を「悪」とみなす企業が多いようです。それって、おかしい。

年間を通して繁忙期がずっと続くのであれば、そこには〔図表6-2〕第二原理の機会損失が発生しているはず。それを改善するために、設備や人員を増強するインセンティブが働くはずです。

年間を通して閑散期がずっと続くのであれば、そこにも機会損失が発生しているはず。それを改善するために、リストラに取り組むインセンティブが働くはずなのです。

そうなると、繁忙期が「善」で、閑散期が「悪」という価値判断は誤りであることがわかります。本当の「悪玉」は、繁忙期と閑散期を漫然と繰り返してしまうビジネスモデルそのものにあります。

第25話 管理会計の革新を目指して

☞ 異変はリーマン・ショック以降に起きた

　企業活動を描写する方法として、管理会計では１次関数を用い、経済学では２次関数を用いることを紹介してきました。これらは、現代の管理会計や経済学では、通説として位置付けられています。

　ところが、上場企業などの決算書を利用して、企業活動を１次関数や２次関数で描こうとすると、どうも上手くいかない。

　特に理論と実務との矛盾が吹き出す発火点となったのが、2008年に起きた「リーマン・ショック」でした。米証券大手のリーマン・ブラザーズが経営破綻したことにより、株価が軒並み暴落して、世界中に金融不安が広がった事件をいいます。

　このリーマン・ショック以降、上場企業の決算書をもとに固変分解を行なうと、その多くで固定費がマイナスになる珍現象が続出しました。

　これは仕方がないことなのか？

　いや、どこかが、おかしい。何かが変だ。管理会計や経済学の理論そのものに、欠陥があるのではないか。

　そうした疑問を解決する答えは、企業実務の中で見つかりました。

☞ 現場で汗と油にまみれて気がつく事実

　実務の最前線で、汗と油にまみれて企業活動を観察していると、次の事実を知覚することができます。

①製造業の場合
　工場内にある製造工程で、材料を投入して加工を行なう生産活動を観察してみてください。材料費・労務費・経費などがインプットとアウトプットを繰り返し、製造に係るコストが徐々に増大していくそのプロセスは、複利計

算であることがわかります。
　また、仕掛品や完成品などが入庫と出庫を繰り返し、製品に係るコストが徐々に増大していくプロセスも、複利計算であることがわかります。

　②流通業の場合
　日々仕入れた商品は、棚に補充したそばから、消費者へ次々と販売されていきます。膨大な商品が入庫と出庫を繰り返し、売上原価や販売費及び一般管理費が徐々に増大していくそのプロセスは、複利計算であることがわかります。

　③財務や経理の場合
　上場企業のような大規模組織になると、帳簿に記載される会計処理は、1日で数百件や数千件にものぼります。年間では、数億件や数十億件にもなります。
　膨大な数の入金と出金を繰り返して蓄積されていく会計処理は、複利計算であることがわかります。

　④株式市場や仮想通貨市場の場合
　人気が沸騰すればするほど、コンマ数秒の単位で膨大な数の取引が行なわれます。24時間という限られた時間軸の中で、買いが買いを呼び、売りが売りを呼ぶ投資活動は、複利計算であることがわかります。

　⑤日本経済や世界経済の場合
　ある産業で生産された製品は、次の産業へ中間財（第15話参照）として投入され、そこで生産された完成品は、次の産業の中間財として投入されていきます。すなわち、日本経済や世界経済は、巨大なネットワークの中で、膨大な複利計算を行なっていることがわかります。

☞ 企業活動や経済活動は、複利計算構造を内蔵する

　以上のことを観察して気づくのは、昨日稼いだキャッシュは今日へ再投資（複利運用）され、今日稼いだキャッシュは明日へ再投資（複利運用）されていく、という事実です。そうであるならば、企業活動や経済活動は、複利計算で解明されるべきなのです。

　管理会計の中核にある損益分岐点分析は、1次関数に立脚しています。これは、預金の利息計算でいえば、単利計算構造です。今日稼いだキャッシュを明日へ再投資せず、第7話で説明したタンス預金としてしまうのが、損益分岐点分析の考えかたです。

　企業活動は複利計算構造を内蔵するにもかかわらず、それを単利計算構造の損益分岐点分析で解き明かそうとすると、どうなるか。〔図表19-1〕の「恐ろしい命題」が導かれるのは、当たり前といえば当たり前の話なのでした。

　経済学のほうはどうでしょう。

　第21話では、三冊の経済学書を紹介しました。これらを何度読み返しても、残念ながらそこに「複利」の考えかたは記述されていません。「限界費用の逓増」は、反り返った曲線を描くための "know how" を説明しているにすぎず、「なぜ、曲線を描くのか」といった "know why" を説明できていないのです。

　企業活動だけでなく経済活動もまた、複利計算という "know why" で解き明かされるべきなのです。

☞ ROEの分子は、なぜ、当期純利益に限定されるのか

　第10話では、次に示す通り、自己資本利益率ROEと総資本利益率ROAを並べました。

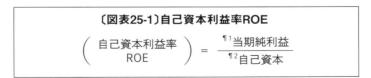

〔図表25-1〕自己資本利益率ROE

〔図表25-2〕総資本利益率ROA

$$\left(\begin{array}{c}総資本利益率\\ROA\end{array}\right) = \frac{¶3当期純利益(または¶4営業利益)}{総資本}$$

　管理会計の専門書を参照すると、〔図表25-2〕のROAについては、その分子を¶3当期純利益とする以外に、¶4営業利益で解説するものがあります。

　特にM&Aの世界では、第27話で説明する実効税率を加味した「税引き後の営業利益」を用いることがあります。これをNOPAT①(ノーパット)といいます。

　それに対し、〔図表25-1〕のROEの分子は、¶1当期純利益に限定されます。ROEの分子に、営業利益やNOPATが採用されることはありません。なぜなのでしょうか。

　〔図表25-1〕の分母にある¶2自己資本は、過去から蓄積されてきた元利合計を表わしており、これに対応できるのは複利運用された果実(¶1当期純利益)だけだからです。定期預金の利回りを計算するのと同じ理屈です。

　営業利益やNOPATは果実ではないことから、ROEの分子にこれらが採用されることはありません。ROAやROEに対するこうした見方も、「企業活動は複利計算構造を内蔵する」という考えかたで理由付けをすることができます②。

【参考資料】
①Net Operating Profit After Taxes
②本文中の考えを、もう少しオカタクまとめたものとして、次の2本の論文をインターネット上で無償公開しています。
　・新日本法規財団 奨励賞 受賞論文『会計学と原価計算の革新を目指して』
　・日本公認会計士協会 研究大会 発表論文『管理会計と原価計算の革新を目指して』

第26話　コスト削減と付加価値向上が共倒れする理由

☞ リケジョブームに思うところがある理系女子

　今日は、三つ葉葵コンツェルンの製造子会社である「ホリーホック技研」を訪問しています。

　同社は世界で初めて、人工知能を内蔵した量子コンピュータの小型化・量産化に成功した企業であり、同様のビジネスを展開している八幡タロー製作所とは、あらゆる分野でライバル関係にあります。

　先月発売したゴルフの1番ウッドの販売でも、両社はシノギを削っています。その顛末(てんまつ)は第33話で紹介することにしましょう。

　閑話休題、今回の舞台はホリーホック技研であり、その開発現場を任されているのが「生産管理の鬼娘」と呼ばれているリョーコ係長です。娘がいるからには、親がいるわけでして――。

　リョーコ係長は、三つ葉葵ベジタブル研究所のナナコさんとは同期生であり、近年の「リケジョブーム」には「思うところがある」そうです。私も、ミツクニ副会長から「リョーコ係長を『リケジョの星』と呼ぶのは失礼にあたる」とアドバイスを受けています。

☞ 化粧をして、ムサコを歩いてはいけない

　「お待たせしました、タカダ先生。早速ですが、先日調査を依頼しました件はどうなりましたか」

　ここは、身体検査や金属探知機で幾重にもチェックを受けて通された管理棟内の事務室。そこに現われたのがリョーコ係長です。

　彼女は、作業帽を取ってぺこりとお辞儀をし、テーブルの向かい側に座りました。挨拶を簡単にすませて、用件をてきぱきと捌(さば)くのは、生産管理の基本です。

　素案はできていますよ。コスト削減活動は、どこまで取り組めば「OKサ

インを出してもらえるか」という調査依頼でしたよね。
「ヒコザエモン工場長の『この、たわけがっ！』には、みんな、ほとほと困っていましてね」

　リョーコ係長の鼻の頭には、うっすらと汗が浮かんでいました。精密機器に影響を与えてはいけないということで、ファンデーションは禁止。軽く化粧をして、通勤途上にあるムサコ[①]の街を歩けば、芸能事務所のスカウトマンに取り囲まれるほどの美貌の持ち主なのに。
「何かおっしゃいましたか？」
　いえ、早速、本題に入りましょう。

☞ トイレの個室の壁を叩け

　ヒコザエモン工場長は、「生産管理の鬼」の異名を取り、ライバル企業の八幡タロー製作所にまで、その名を知られた存在。いつも顔を真っ赤にして、職場のあちこちで「この、たわけがっ！」と怒鳴っています。リョーコ係長は、その鬼に師事する一人です。

　ヒコザエモン工場長は毎日、朝礼が終わった直後に「これをやれ」とリョーコ係長に指示を出します。彼女が散々悩んで、とりあえず昼食休憩に行こうとすると、ヒコザエモン工場長が「できたか」と問いただす。「まだです」と答えようものなら、「この、たわけがっ！」と怒鳴ります。

　リョーコ係長が、おっ取り刀でカイゼン提案書を作成すると、ヒコザエモン工場長は「やったか」と問いただす。係長が「午後一番で取り組みます」と答えようものなら、「この、たわけがっ！」と怒鳴ります。

　女子トイレの個室の壁を、リョーコ係長がどんどんと叩く音を聞いた女子社員は数知れず。それでも挫けることなくカイゼン活動に取り組むのは、「リケジョの出世頭」と呼ばれることへの反発があるらしい、という話を、ナナコさんから聞いたことがあります。

【参考資料】
①東京都の武蔵小金井や武蔵小山ではなく、神奈川県の武蔵小杉の略称とするのが、ムサコの相場のようです。

あまりに悔しくて、休日返上でカイゼン活動に取り組むこともしばしば。人事部のコウズケノ参事からは「ブラック企業の噂が立つから、やめてくれ」と再三警告を受けています。（あんたが、それをいうか）

　それだけ努力して、翌月曜日。ヒコザエモン工場長から「リョーコ係長、どうだ」と問われて、ここまでやれば、という思いで「大丈夫です」と胸を張って答える。しかし、「他の工場へもアドバイスしたか」「え？」「この、たわけがっ！」の繰り返し。

　毎日のようにヒコザエモン工場長に怒鳴られて、リョーコ係長もさすがに凹みました。

「カイゼン活動というのは、どこまで取り組めば『ＯＫサイン』を出してもらえるのでしょうか」

　それが私への調査依頼事項なのでした。

☞ カイゼン活動やコスト削減活動が徒労に帰す

　復習から始めます。

　経済学では、〔図表23-1〕で説明したように、総コスト曲線を2次関数で描きます。この曲線上の「接線の傾き」は、〔図表23-2〕で説明したように、限界費用でした。

　経済学のすごいところは、限界費用を繋いだ曲線の正体を、供給曲線だと看破したことでした[1]。管理会計は残念ながら、そこまで到達していません。

　ところで、〔図表24-3〕下図で示したように、平均費用曲線はU字型で描かれるので、量産効果には底があることを説明しました。

　これらの理論を利用すると、企業のほとんどで行なわれているカイゼン活動やコスト削減活動は「徒労に帰す」ことを証明できます。

「ええ〜っ、そうなんですか」

　リョーコ係長、そんなに驚かないでください。企業実務に携わる人たちすべてが「認識しておくべき問題」なのですから。

【参考資料】
[1]『マンキュー経済学Ⅰミクロ編』（東洋経済新報社）412ページ

この問題についてはすでに、第15話で取り上げました。今回は次の〔図表26-1〕を使って、厳密に証明してみます。

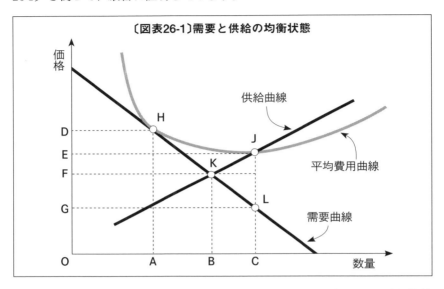

〔図表26-1〕は、あらゆる経済学書に掲載されている例に倣い、需要と供給の均衡状態を示したものです。

「この〔図表26-1〕にある3本の線など、見たことも聞いたこともありません」

世の中に100冊の経済学書があるならば、〔図表26-1〕はその100冊すべてに掲載されている図表です。〔図表26-2〕に掲げた書籍で確かめることができきますよ。

〔図表26-2〕経済学書で確認
- 『マンキュー経済学Ⅰ ミクロ編』（東洋経済新報社）
  486 ページ〔図16-3〕
- 『クルーグマン・ミクロ経済学』（東洋経済新報社）
  572 ページ〔図16-3〕
- 『スティグリッツ・ミクロ経済学』（東洋経済新報社）
  356 ページ〔図9-8〕

「あ、本当だ！」

〔図表26-2〕のうちの1冊を書棚から取り出したリョーコ係長は、驚きの声を上げました。

☞ 需要と供給は、コスト削減活動の目標ではない

〔図表26-1〕にある3本の線を同時に見ては、目が眩みます。黒色で描かれた需要曲線と供給曲線に注目します。これなら高校生が学ぶ政治経済の話です。

〔図表26-1〕において、右下がりの需要曲線と右上がりの供給曲線が交わる点Kは、需要と供給が一致する「均衡点」です。この点Kのもとで、横軸の数量Bと、縦軸の価格Fが決まります。

そこで問題です。製品や商品を供給するのは、企業です。その企業で取り組まれているコスト削減活動は、数量B（線分OB）を目標としているのでしょうか。

答えは「否」です。

「驚きだわ。いままで数量Bを目指すものだとばかり思っていました」

コスト削減活動とは、製品または商品「1個あたりの平均費用」を減らす努力をすることです。その目標は「量産効果の底」に到達することです。

〔図表26-1〕にある点Kは、確かに需要と供給が均衡するところです。しかし、これに対応する数量Bは「量産効果の底」になっていないのです。

「量産効果の底」となる数量は、点Bよりももっと右にある点Cです。この点Cの垂線上にある点Jで、灰色で描いた平均費用曲線が最小になっていることを確認してください。

したがって、コスト削減活動が目標とすべき「量産効果の底」は、線分OCになります。

☞ 働けど働けど、中小企業のくらし楽にならざり

以上の説明から、恐ろしい結論が導かれます。

1つめは、〔図表26-1〕において、需要と供給が一致する点Kは、コスト

削減活動が目指す「量産効果の底」になっていないことです。「量産効果の底」となる均衡点は、点Kより少し右上にある点Jです。

需要と供給が合致しているからといって、そこで満足しては駄目。自社の製品や商品に注文が殺到しようとも、企業はコスト削減活動に絶えず取り組まなければならない宿命を負っているのです。

2つめは、幸いなことに〔図表26-1〕の点Jに辿り着いた企業があったとしましょう。ところが残念なことに、その企業が販売する製品や商品の単価（縦軸）は、点Jに対応した点Eではありません。需要と供給が一致する点Fでもありません。

実際には、点Lに対応する点Gにまで価格は低下します。つまり、コスト削減活動の先にあるのは、自社製品への「買い叩き」です。

立場の弱い中小企業は、どれほどコスト削減活動に取り組もうとも（点Jを目指そうとも）、元請けの大企業から買い叩かれます。これが「働けど働けど、なおわが生活、楽にならざり」の正体です。

☞ コスト削減活動と利潤最大化は仲が悪い

3つめは、企業の利潤が最大になるのはどこか、という問題です。〔図表23-3〕の利潤最大化条件（MR = MC）を満たす売上高はどこか、と言い換えることができます。これは、〔図表26-1〕の点Kでもなく、点Jでもなく、点Lでもありません。

『マンキュー経済学Ⅰ ミクロ編』（東洋経済新報社）486ページ〔図16-3〕によれば、〔図表26-1〕の点Hになります。このときの数量は、点A（線分OA）になります。

4つめの問題点として注目すべきは、たったいま指摘した数量Aにあります。これは需要と供給が一致する数量Bよりも少なく、「量産効果の底」になる数量Cよりも、もっと少ないところにあります。

これは一体、何を意味するか。

「量産効果の底」を目指そうとして（点Jを目指そうとして）現場が取り組むコスト削減活動と、利潤を最大にしようとする（点Hを目指そうとする）

経営者の目標とは、相容れないことを表わしているのです。

☞ コスト削減活動は、自ら操業度不足を生む

　５つめの問題点が浮かび上がります。

　経営者としては、利潤の最大化を目指したい。したがって、点Hに対応する数量A（線分OA）でいい、という第四原理（インセンティブ）が、経営者の心理に作用します。

　ところが、現場は、〔図表26-1〕の数量C（線分OC）を目指す。

　では、経営者が目指す数量Aから、現場が目指す数量Cまでの区間（線分AC）は、いったい何を表わすのか。

　この問いに対して『マンキュー経済学Ⅰ　ミクロ編』（東洋経済新報社）487ページは、「過剰生産力」であることを指摘しています。管理会計の用語で表わすならば、「操業度不足」のこと。

　ここから恐ろしい結論が導かれます。

　すなわち、現場がどれほど懸命にコスト削減活動に取り組もうとも（点Jを目指そうとしても）、経営者が利潤の最大化を求めようとする（点Hを目指そうとする）限り、現場は「量産効果の底」に到達することができず、企業はいつまで経っても操業度不足（過剰生産力）を解消することができない、という事実です。

　いま述べた説明は、あらゆる経済学書から導かれる結論です。

「これでは、日々、コスト削減活動に取り組んでいる現場の者たちにとって、救いようのない話じゃないですか」

　唯一の救いがあるとするならば、有価証券報告書などを利用した具体的な実証分析が、経済学や管理会計などではまったく行なわれていないことです。〔図表26-1〕は「机上で描いた静物画」にとどまります。

☞ プリンセスの背中を見送りながら

「それを聞いて安心しました。でも、なんだか絶望的な話ですね」

　先週、ヒコザエモン工場長と膝詰め談判をした、という話を聞きました。

「コスト削減活動に、どこまで取り組めば『OKサイン』を出してもらえるんですかって、ヒコザエモン工場長に思い切って問いただしたんです。『よしよし、と褒めてほしいのなら、いくらでも褒めてやるぞ。ポチやタマみたいにな』と言い返されまして」

犬や猫みたいに扱われたのでは、生産管理に携わる者の沽券に関わりますね。

でも、大丈夫です。係長の悔しさは、来月、ミツクニ副会長へ提出するレポートで解決してご覧に入れましょう。

「そのようなことが可能なのですか？」

第25話で説明した「複利の考えかた」をもってすれば、不可能ではありません。マーケティング戦略事業部を通して、その考えかたを浸透させていくことにします。

「期待しています。ありがとうございました」

リョーコ係長はぺこりとお辞儀をすると、進んで事務所のドアを開け、私を工場の出入り口まで見送ってくれました。

☞ ここにも現われた「利益なき繁忙」

それではまた来月に、と挨拶をした後、工場の奥へと走り去るリョーコ係長の背中を見送りながら、先ほどの話でいくつか呑み込んだものがあったことを思い起こしました。

１つめは、〔図表26-1〕の横軸上にある数量Ａから数量Ｃまでの区間（線分AC）です。これは、リョーコ係長へ説明した通り、過剰生産力（操業度不足）を表わします。

ということは、数量Ｃを目指すコスト削減活動は、機会損失を拡大させるだけ。現場の努力がかえって傷口（機会損失）を広げるのですから、これは確かに、絶望的な結論です。

２つめは、経営者も現場も、「数量」に目が行きがちだという点です。〔図表26-1〕の横軸上を、右へ行けば行くほど（点Ａ ⇨ 点Ｂ ⇨ 点Ｃ）、売上高が増えるわけではないのです。

売上高は、横軸の「数量」に縦軸の「単価」を乗じたものですから、〔図表26-1〕では、長方形 OCLG や長方形 OAHD が売上高を表わします。〔図表26-1〕は定性的な図であり、定量的に正しい図ではありません。「量産効果の底」を目指す売上高（長方形 OCLG）は、利潤の最大化を目指す売上高（長方形 OAHD）よりも、面積が大きくなる可能性があります。

　しかし、売上高が大きいからといって、利益が伴うわけではありません。〔図表26-1〕にある点 J は、〔図表23-1〕で紹介した収益上限点 H に該当し、「利益なき繁忙」に陥ることを指摘しておきましょう。

　3つめは、企業が利潤の最大化を求めようとしても、フィジカル型のビジネスモデルに固執し続ける限り、過剰生産力（操業度不足）を抱えざるを得ないことです。この過剰生産力の本質は、固定費なのだから。

　固定費を含めた概念といえば、第15話で説明した付加価値（限界利益）に、話は戻ります。したがって、いままでに登場した「利潤の最大化」と「付加価値の向上」とは同義になります。

　以上より「コスト削減活動」と「付加価値向上」は、決して相容れない。両方を同時に希求しようとするならば、共倒れになる。これが4つめの結論です。

☞ 工場内を走るべからず

「タカダ御大──っ！」

　リョーコ係長が戻っていったドアを見つめながら、様々な思考に耽っているとき、背後から不意に呼びかけられました。誰が御大じゃ！

　振り向くと、セーラー服にヘルメットをかぶったエリカ会長が、駆け足で近づいてきました。

　おいおい、ローファーでこういう床を走ると危ないですよ。

「おじいちゃんが工場視察をするっていうから、一緒についてきたの」

　ミツクニ副会長もご一緒なんですか。

　ちょうどいい機会です。三つ葉葵コンツェルンには、なぜ、会長職がないのかを訊いてみることにしましょう。

「ところで、さっきの女性は、リョーコ係長？」
　そうですけど。
「何の話をしてたの？　親しそうに話をしてたわよね」
　生産管理の打ち合わせですけど。
「生産管理の話で、タカダ先生は、ああいう笑顔を見せるんですか」
　ああいう笑顔って、どういう笑顔ですか。
「二人で銀座に買い物に行く打ち合わせでもしてるのかなって、思っちゃった」
　一瞬、何のことかと思案する。すぐにわかりました。
　その会話術、他の誰かに使ったでしょ？
「昨日、ヤスベエ主事にね」
　こら。エリカ会長のヘルメットを指でこつんと叩くと、「てへ」と舌を出しました。
「リョーコ係長って、素敵ですよね」
　私も同意見です。
「おじいちゃんが再三、リョーコ係長を本社に招きたいって希望しているのだけれど、ここの工場長以下、社員全員が『プリンセスは絶対に渡さない！』って、大反対しているのよね」
　なるほど、そういうことですか。
　ツナヨシ社長と、それを補佐するヤナギサワ管理本部長の強権ぶりに懸念を抱いたミツクニ副会長が、将来への布石として打ったのが、いま目の前にいる女子高校生。
　いずれはヤナギサワ管理本部長と対峙するときが来るかもしれない、そのときは孫娘を支えてやってくれ、というのが、ミツクニ副会長からマケ戦のヤスベエ主事たちに託された密命です。
　リョーコ係長なら、将来、エリカさんの右腕として相応しいでしょう。
「え？　いま何て言ったの？」
　いえ、なんでもありません。ミツクニ副会長のところへ行きましょうか。

196

第七幕

税や企業価値に翻弄(ほんろう)される人々

第七幕のあらまし

◆ この第七幕では、第八幕の戦術会計や、第九幕の戦略会計に役立つ基礎知識を説明します。
◆ 経営戦略につまずく最大の要因は、税にあり。あだや疎(おろそ)かにすべからず。
◆ 法人税や住民税などを組み合わせた実効税率の求めかたを説明します。
◆ 加重平均資本コスト率WACCとは何か。どうやって求めるのでしょうか。
◆ 他人資本と自己資本との間に、最適な組み合わせはあるのでしょうか。
◆ 企業価値とは一体、何なのでしょうか。

第 27 話　税が、おいで、おいでと手招きする

☞ 一点突破・全面展開を試みる

　いままで、さりげなく、そこはかとなく、「税」という用語を用いてきました。これほど難儀（なんぎ）なものはありません。
　だいたい、法人税の教科書を開くと、その第1章は「受取配当金の益金不算入」から始まります。これがまったく面白くない。なんとか頑張って30分ほど取り組むものの、気力が失せて教科書を閉じる。忙しさにかまけて、数日間は放置。
「これではいけない」と思い直して教科書を開く。最初はやはり「受取配当金の益金不算入」から。やっぱり面白くなくて、本を閉じてしまう。以下、その繰り返し。
　法人税法全体については詳しくなくても、「受取配当金の益金不算入」についてだけは妙に詳しい、という人は意外と多い。これが税を学ぶ者の実態です。
　避けて通れるものなら避けて通りたい。
　しかし、経営戦略が頓挫（とんざ）する原因の多くが、税を疎（おろそ）かにしている点にあるのですから、避けて通るわけにはいきません。第25話で紹介した「ノーパットNOPAT」は、その反省から用いられる指標です。
　避けて通れないのであれば、試しに正面から、ぶつかってみる。ひょっとしたら、一点突破・全面展開できるかもしれません。
　その一点を目指すものとして、管理会計の視点から、優しく、易しく、税の問題にアプローチしてみることにします。

☞ "give and take" の原則が成り立たない例外

　第2話では、損益計算書は "give and take" の原則を並べたものだ、と述べました。その中で唯一、この原則が成り立たないものがあります。それが

税です。

　税金をたくさん納めたからといって、国や地方自治体が、高額納税者に、何らかの便宜を図ってくれることはありません。税は、持っていかれる（taken）だけであり、見返り（given）がないのです。

　例外として存在するのが、ふるさと納税です。これは納税額の3割前後について、見返りがあります。支払う額が同じであるならば、見返りのあるほうがいい、ということで、ふるさと納税が一部の自治体で異常な盛り上がりをみせるのです。

　返戻品競争に狂奔する自治体を見ていると、公平性や中立性などを旨とする租税原則はどこへやら。真面目に働いて、地元に納税している者は、やり切れない気持ちになります。

📖 法定実効税率の求めかた

　会社の場合、国や自治体に召し上げられる税金は、儲けの約3割だと知っておいてください。これは次の計算式に基づきます。

〔図表27-1〕法定実効税率の求めかた

$$法定実効税率 = \frac{法人税率 \times (1+住民税率) + 事業税率}{1+事業税率}$$

　〔図表27-1〕の右辺にある「率」を取った、法人税・住民税・事業税をまとめたものが、〔図表2-9〕にあった税金費用です。これらの率を組み合わせて計算したものが、〔図表27-1〕の「法定実効税率」になります。

　一部のメディアでは「法人」実効税率と称している場合があります。何かの勘違いでしょう[①]。

　法人税率25％、住民税率14％、事業税率8％と仮定し、〔図表27-1〕に代入して電卓で計算すると、33.8％という値を求めることができます。これが法

【参考資料】
① 財務諸表等規則8条の12、連結財務諸表規則15条の5

定実効税率です。

税率は、次の法律で厳密に定められています。

〔図表27-2〕税法で定める税率
法人税率……法人税法66条1項
住民税率……地方税法51条1項、同314条の4第1項
事業税率……地方税法72条の24の7第1項3号

これらの税率を法律以外で定めることは、われらが日本国憲法84条で禁じられています。これを、租税法律主義といいます。

☞ 実際の実効税率は一致しない

いまの説明は「理論的には33.8％になる」というものでした。

では、実務はどうなっているのか。それを確かめないことには、法定実効税率も「机上の空論」で終わってしまいます。

上場企業は毎期、有価証券報告書や決算短信などで、決算書(貸借対照表や損益計算書)を開示しています。どこの上場企業でも構わないので、インターネットから入手してみましょう。

その決算書に掲載されている損益計算書の「法人税等とその調整額」を、その1つ上にある「税金等調整前当期純利益」の金額で割ってみてください。その多くは30％前後になるはず。これが「実際の実効税率」です。

すべての上場企業の「実際の実効税率」が、30％前後の値になるわけではありません。都道府県によって、住民税率と事業税率が異なるからです。海外に子会社を有している上場企業では、外国税率の影響を受けます。

また、中小企業には、軽減税率があります。これら複数の要因が重なるために、「実際の実効税率」が法定実効税率と一致することはありません。

なお、以下では特に断わらない限り、「実効税率」の四文字で表現します。

☞ 税は一方的な taken だけでなく一方的な given もある

税は"give and take"が成り立たない、と述べました。これを裏から読み

取ると、面白い話を展開することができます。

　例えば、実効税率を30％と仮定します。売上高を100円とし、コストをゼロとすると、100円×実効税率30％＝30円だけ、納税する必要があります。

　逆に、売上高がゼロで、コストが100円だけ発生したとします。この場合、100円×実効税率30％＝30円だけ、税金を還付してもらえることになります。

　税務署から実際に、30円の税金が還付されるわけではありません。そうではなくて、コストには、納付する税金を節約できる効果（節税効果）がビルトインされている、ということです。

　例えば、銀行から借金した場合に発生する支払利息というコストは、税金を減らす効果（節税効果）があります。1980年代に不動産バブルが起きたとき、不動産購入資金を銀行借入金で調達して、巨額の支払利息を節税策として悪用する例が続出しました。

　もちろん、当時の大蔵省（現・財務省）が「総量規制」というものを実施し、不動産バブルは見事に弾け、その後「失われた二十年」が訪れたのでした。銀行員の経験がある私は、実効税率の文字を見るたびに「つわものどもが夢の跡」を思い出します。

　失われた夢の是非はともかく、実効税率は、次に説明する加重平均資本コスト率や企業価値を理解するものとして役立つのですから、かつての「つわもの」としては何とも複雑な気分にさせられます。

第28話　加重平均資本コストが牙をむく

☞ 資本コストに、税が加重される恐ろしさ

　実効税率の基礎知識を得た勢いで、加重平均資本コスト率の説明を行ないます。
　「資本コスト」に「税」が「加重」されるのですから、思わず腰が引けそう。中身を知ってしまえば「なぁんだ、その程度のことか」と拍子抜けする話です。
　まず、資本コストという、何ともむず痒い用語から説明します。
　資本コストの前半にある「資本」とは、〔図表4-6〕などで説明した他人資本と、自己資本のことです。どちらも資金調達の源泉となるものです。
　他人資本の代表例は銀行借入金です。これは返済義務があるので、返済が滞ると銀行は鬼の形相で返済を迫ります。
　銀行借入金という他人資本に付随するのは、支払利息というコストです。この支払利息を、他人資本コストといいます。
　他人資本コスト（支払利息）を、他人資本（銀行借入金）で割った比率を、他人資本コスト率（支払利息率）といいます。
　ここまでに登場した用語を、〔図表28-1〕①の行に並べます。

〔図表28-1〕他人資本と自己資本の比較

	資金調達の源泉	資本コスト	資本コスト率
①	他人資本 （銀行借入金）	他人資本コスト （支払利息）	他人資本コスト率 （支払利息率）
②	自己資本 （増資）	自己資本コスト （配当金）	自己資本コスト率 （配当率）

　　　　　　　　　　　　　　　　　　　　　　　⇩
　　　　　　　　　　　　　　　③　加重平均資本コスト率

☞ 配当率と配当性向を履き違えるな

　次に、〔図表28-1〕②の行にある自己資本です。この中核をなすのは、久しぶりの登場となる資本金です。これを増やすことを「増資」といいます。
　資本金の最大の特徴は、株主への返済義務がないことです。
　経営が破綻したとき、株式は無価値となり、株券が舞い散るシーンを、前世紀（20世紀）のテレビ番組で見たことがありました。現在は株券が発行されないので、こうしたセンセーショナルな映像はなくなりました。
　資本金に付随して発生する配当金を、自己資本コストといいます。ここまで説明すれば話は簡単で、自己資本コスト（配当金）を、自己資本（資本金）で割った比率を、自己資本コスト率（配当率）といいます。
　ちなみに、上場企業で「今期は1円の増配を行なう」というプレス発表がある場合、これは配当率を引き上げることを指します。
　配当率と混同されやすいものに、配当性向があります。これは、当期純利益に対して、どれだけの配当金を支払うかを比率で表わしたものです。上場企業の配当性向は、およそ30％を目標としています。
　以上で道具が揃いました。
　〔図表28-1〕の右端にある他人資本コスト率と自己資本コスト率の平均値を求めたものが、〔図表28-1〕の右下にある③加重平均資本コスト率（WACC[1]）です。「ワック」と発音します。
　ここらあたりで、スケサン主任か、ゴシラカワ係長あたりが「わっく、わく」という、親父ギャグを飛ばす気配がするのですが、無視します。
「ぐわおっ……」
「へぐっ……」
　ん？　二人とも、どうかしましたか？

【参考資料】
[1] Weighted Average Cost of Capital

☞ あいつと同じ土俵で闘わせてくれ

　他人資本コストと自己資本コストには、いくつかの相違点を指摘することができます。

　1つめは、自己資本は株主への元本（資本金）返済義務がないことから、配当率はかなり高めに設定されます。企業が、増資よりも銀行借入金のほうに頼りがちになるのは、その借り入れ手続の簡便さもさることながら、支払利息率がはるかに低いことも要因となっています。

　2つめは、他人資本コスト（支払利息）は、実効税率が適用される前、すなわち、税引き前の資本コストです。その支払い原資は営業利益であり、これは税引き前の利益です。

　3つめは、自己資本コスト（配当金）は、実効税率が適用された後、すなわち、税引き後の資本コストです。その支払い原資は、税引き後の当期純利益です。

　一方は税引き前の世界であるのに対し、もう一方は税引き後の世界。これらを同じ土俵に乗せるわけにはいきません。

　では、どちらの世界観で統一するか。通常は、他人資本コスト率（支払利息率）に実効税率を加味して税引き後に変換し、自己資本コスト率（配当率）と同じ「税引き後の土俵」に乗せた上で、WACCを計算します。

☞ 二番手商法とモルモット企業

　設備投資を行なうケースを想定します。手許にある自己資金で賄（まかな）うのが最も安全だ、というのは一つの識見です。第10話の財務レバレッジで説明したように、リスクのあるビジネスであれば、なおさらのこと。

　ただし、確実な需要を見込むことができるにもかかわらず、自己資金に限定した設備投資に拘（こだわ）っていては、規模が小さくなりがち。せっかくの販売機会を逃して、後発企業に追い抜かれるリスクがあります。これは機会損失です。

　この場合、後発企業のビジネスモデルを「二番手商法」といいます。先行企業は「モルモット企業」と呼ばれます。

モルモットと揶揄される是非はともかく、苦労して新商品を開発し、新しい市場を開拓したにもかかわらず、資金力にものをいわせた二番手商法に成果のほとんどを奪い去られるのって、悔しいじゃないですか。

　先行企業としての優位性を確保したいのであれば、自己資本以外に銀行借入金や社債などの他人資本を組み合わせて、大規模な設備投資を行なう経営戦略を採用したほうがいいこともあります。第5話で説明したドミナント戦略に相通じるものがあります。

　ただし、こうした経営戦略を採用する場合は、リスクの小さい案件であることを、念押ししておきます。リスクの大きい案件は、できる限り自己資金で対応し、特許などの知的財産で武装することを優先すべきであって、こうした場合に加重平均資本コストを計算する意義はほとんどありません。

☞ WACCを計算するのは九九より易しい

　次の設例で、WACCを計算してみます。

〔図表28-2〕加重平均資本コスト率の計算

	資金調達の源泉	資本コスト	資本コスト率
①	銀行借入金 50,000円	支払利息 1,250円	支払利息率 2.5％
②	増資 50,000円	配当金 5,000円	配当率 10.0％
③	資金調達合計 100,000円	資本コスト合計 6,250円	WACC 6.25％

　〔図表28-2〕①の行において、銀行借入金50,000円に対して、支払利息1,250円を支払う場合、支払利息率は2.5％になります。

　〔図表28-2〕②の行において、配当率を計算すると10.0％になります。

　支払利息1,250円と配当金5,000円を合計すると、資本コストは6,250円。これを〔図表28-2〕③の行にある資金調達の合計100,000円で割ると、6.25％に

なります。

「なぁんだ、WACCは6.25％か」と侮（あなど）ってもらっては困ります。WACCは、そんな単純な話ではありません。〔図表28-1〕の①の行にある他人資本コストと、②の行にある自己資本コストの間には、「税」という壁が立ちはだかっているからです。

☞ 世界観を統一して明日のニッポンを見つめよう

先ほど、WACCは「税引き後の土俵」に乗せた上で計算すべきである、と述べました。そこで〔図表28-2〕①の行にある支払利息1,250円を、税引き後の資本コストに変換します。

具体的にはどうするか。

第27話では、売上高がゼロで、コストを100円とした場合、100円×実効税率30％＝30円だけ、税務署から税金を還付してもらえる話をしました。これを使います。

〔図表28-2〕①の行にある支払利息は、1,250円でした。実効税率を30％としているので、税引き後の支払利息は875円〔＝1,250円×（1－30％）〕に引き下げられます。30％をかけるのではなく、（1－30％）をかけるのが、この計算のミソです。

支払利息875円を次の〔図表28-3〕に代入して再計算します。変更になった数値を、灰色で表示しています。

〔図表28-3〕加重平均資本コスト率の計算

	資金調達の源泉	資本コスト	資本コスト率
①	銀行借入金 50,000円	支払利息 875円	支払利息率 1.75％
②	増資 50,000円	配当金 5,000円	配当率 10.0％
③	資金調達合計 100,000円	資本コスト合計 5,875円	WACC 5.875％

〔図表28-2〕③の行で計算したWACCは6.25％であったのに対し、〔図表28-3〕③の行にあるWACCは5.875％になります。これが加重平均資本コスト率WACCを求める「正しい作法」です。

高校生のときに、3種類の「平均」を習ったはず。

1つめは相加平均であり、これは足して2で割るものでした。

2つめは相乗平均であり、これは2つを掛け合わせて、平方根（$\sqrt{}$）で解くものでした。

3つめが、WACCの加重平均です。教わらなかったとは言わせません。

☞ 舌切り雀の教訓を忘れるな

WACCに関する注意点をいくつか。

1つめは、いま説明したように「税」の存在を忘れないこと。儲けの3割を、国や自治体に「巻き上げられる」のですから、そう簡単に妥協してはいけません。

2つめは、調達する資金に制約条件があるかどうか。
〔図表28-3〕では、10万円の資金を調達するにあたって、銀行借入金と増資の二本立てとしました。もし、調達する資金に制約条件がなければ、その全額を銀行借入金とすべきです。

なぜなら、税引き後の支払利息率1.75％は、配当率10.0％よりも、はるかに低いからです。増資に頼る場合は、頼った金額だけ機会損失が発生することを忘れずに。

3つめは、調達資金に制約がある場合です。調達すべき資金が10万円で、そのうち銀行借入金が5万円までしか調達できないのであれば、〔図表28-3〕でWACCを計算する意義があります。

制約条件の有無によって機会損失が発生する話は、第13話の「舌切り雀」でも説明しました。あのときの教訓を忘れずに。

☞ WACCを背負ってハードルを超えろ

4つめは、実はこれが最も重要。

第七幕　税や企業価値に翻弄される人々　207

〔図表28-3〕で計算したWACCは、投資総額10万円という個別のプロジェクトに係るものでした。

この話は、全社ベースに拡張することができます。すなわち、〔図表28-3〕①の行を他人資本（負債）に置き換え、②の行を自己資本（純資産）に置き換えて、貸借対照表全体のWACCを求めるのです。

そして、とどめの一発。そのWACCを、あなたの会社が目標としている自己資本利益率ROEと比較してください。

ROEは、第5話で説明したように、株主（委託者）が、会社（受託者）に対して期待する値でした。会社が、株主に対して約束した目標値でもあります。

貸借対照表全体のWACCが、目標とするROEを下回る場合、会社は株主に対して、嘘をついていたことになります。

WACCを背負った貸借対照表は、なんとしてでもROEを超えなければならない。それはハードルみたいなもの。したがって、自己資本利益率ROEは、別名「ハードルレート」と呼ばれます。

第29話　借金を減らすと企業価値は増えるのか

☞ 時価総額が最大となった上場企業は存在しない

　日々、経済関連の新聞や雑誌を読んでいると、頻繁に「企業価値」という用語を目にします。「企業価値を高めよう」というのは、21世紀のトレンドのようです。「付加価値を向上させよう」や「生産性を向上させよう」というのは、話の対象が狭いのかもしれません。

　では、企業価値は、どうやって求めるのか。上場企業であれば、時価総額が一つの目安になります。

　しかし、ここで注意したいのは、「時価総額が過去最高になった」という新聞記事はよく見かけますが、「時価総額が最大になった」という新聞記事には、お目にかかったことがない点です。

　もし、時価総額が「最大になった」と自慢する上場企業があるとしたら、次の勘違いがあるものと想定されます。

　1つめは、第23話で述べた「最高」と「最大」とを、企業価値でも取り違えていること。

　2つめは、20世紀の半ばに発表され、のちにノーベル経済学賞を受賞したMM理論を理解していないこと。以下では2つめの問題点を掘り下げます。

☞ 企業価値が最大になるところを探せ

　ヒントは、先ほど説明した加重平均資本コスト率WACCにあります。これに、モジリアーニとミラーという米国の経済学者が唱えたMM理論を加味します。

　まず、MM理論の骨子を紹介すると、次の通り。

> 〔図表29-1〕MM理論
>
> 【第一命題】
> 　　法人税を想定しない場合、他人資本と自己資本の構成比率は、企業価値に影響を及ぼさない。
>
> 【第二命題】
> 　　法人税を想定する場合、総資本に占める他人資本の割合が高くなるにつれて、節税効果が働き、企業価値は高まる。
>
> 【第三命題】
> 　　第二命題に従って他人資本を増大させていっても、次第に倒産リスクが増えることから、ある一定の限度を超えると、企業価値は減少に転ずる。
> 　　その限度を超える一歩手前で他人資本と自己資本の組合せ（資本構成）が最適となり、このとき企業価値は最大となる。

〔図表29-1〕の最終行を「最適資本構成」といいます。

要約すると、①法人税を想定した場合で、②最適資本構成が実現されたとき、③企業価値は最大になる、というのがMM理論です。

☞ 法人税がない、夢の世界

まずは〔図表29-1〕の【第一命題】から。

名目上の他人資本コスト率（支払利息率）を5％とし、名目上の自己資本コスト率（配当率）を5％と仮定します。「名目上の」とは、「法人税を考慮しない」という意味です。

この設例では、どちらに「お得感」があるでしょうか。

法人税を想定しないのであれば、どちらも5％なのだから、「お得感」は同じ。これが「企業価値に影響を及ぼさない」という意味です。

☞ 法人税がある場合は世界観を統一せよ

次に〔図表29-1〕の【第二命題】です。これは法人税を想定します。

条件を次の〔図表29-2〕の通りとします。

〔図表29-2〕MM理論の例題

(1) 資金調達額
　①銀行借入金　　50,000円
　②増資　　　　　50,000円　　合計100,000円
(2) 資本コスト率
　①名目上の支払利息率　5％
　②名目上の配当率　　　5％
(3) 実効税率　　　　　　30％

〔図表29-2〕(3) の実効税率30％を想定しなければ、【第一命題】に戻ります。

実効税率30％を想定する場合、〔図表29-2〕(2) の資本コスト率を、税引き後の世界観で統一する必要があります。この場合は、〔図表29-2〕(2) ①「名目上の支払利息率5％」に、同 (3) 実効税率30％の影響を加味します。計算は次の通り。

〔図表29-3〕税引き後の支払利息率の求めかた

$$\begin{pmatrix} 税引き後の \\ 支払利息率 \end{pmatrix} = \begin{pmatrix} 名目上の支払利息率 \\ 5\% \end{pmatrix} \times \left\{ 1 - \begin{pmatrix} 実効税率 \\ 30\% \end{pmatrix} \right\} = 3.5\%$$

〔図表29-2〕(2) ②の「名目上の配当率」は、最初から税引き後の土俵に乗っているので、5％のまま。それに対し、支払利息率は、〔図表29-2〕(2) ①の5％から、〔図表29-3〕の3.5％へと下がります。

税引き後という土俵に乗せて2種類の率を比べた場合、どう考えても、銀行借入金を増やしたほうが「お得感」があります。これが【第二命題】にある「節税効果が働き、企業価値は高まる」です。

☞ ちょうどいい塩梅(あんばい)がある

MM理論を図解するにあたり、しばしば利用される図表を〔図表29-4〕に描き、【第二命題】と【第三命題】を説明します。

第七幕　税や企業価値に翻弄される人々

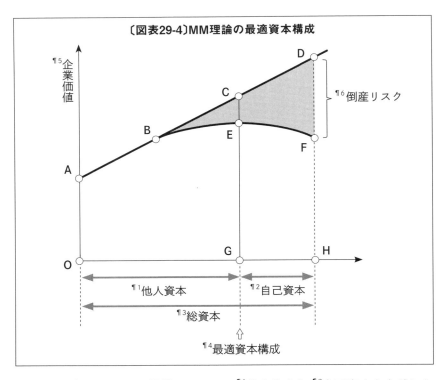

〔図表29-4〕において、横軸のOHは、¶1他人資本と¶2自己資本を合計した¶3総資本を表わします。

原点Oは、他人資本がゼロの状態です。つまり、自己資本100％ということ。このときの企業価値（縦軸）は、線分OAで表わされます。

【第二命題】によれば、他人資本を徐々に増やしていくと、節税効果が生まれ、企業価値が増加するのでした。

そこで、原点O（他人資本ゼロの状態）から、他人資本を徐々に増やしていくことにします。これにより節税効果が働くので、点A ⇨ 点B ⇨ 点Cへと企業価値が増加していきます。

ところが、他人資本を増やしすぎると、負債過多になります。やがては、借金を返済するために、新たに借金を重ねる「自転車操業」の事態に陥ります。

これにより、線分FDで表わされる¶16倒産リスクが増大することになります。
　そうなると、その手前にある点Eあたりが「ちょうどいい塩梅だ」ということになり、この点Eで、縦軸の¶15企業価値は最大になりますよ、というのが、【第三命題】です。

☞ 実証できない資本構成問題に明日はあるのか

　〔図表29-4〕の横軸に注目します。企業価値を最大にするのが点Eなのだから、ここから垂線を下ろした点Gが、他人資本（線分OG）と自己資本（線分GH）との最適な資本構成を決定する座標になります。
　この点Gのところを、¶14最適資本構成といいます。
　管理会計の書籍で、資金調達に言及しているものがある場合、いま説明した最適資本構成の話は、必ず掲載されます。損益分岐点分析が、管理会計における絶対的通説として掲載されるのと同じです。
　ところが、MM理論や最適資本構成に関する最大の欠点は、上場企業の有価証券報告書などを用いて実証できない点にあります。MM理論を扱っている書籍の結びの多くは「実務での検証が望まれる」で終わってしまっているのです[1]。
　最適資本構成や企業価値を信仰する人たちは、第9話で説明した「一般的な目安」を振りかざす人たちと同じ穴で暮らすムジナのようです。

☞ ライバルの婚約発表に欣喜雀躍する女

「て、てぇへんだぁ！」
　私が、カクサン常務とエリカ会長を相手に、最適資本構成や企業価値を説明しているとき、スケサン主任が息せき切って駆け込んできました。
「スケサン主任は、相変わらず騒々しいわね。会津磐梯商事のハルカ係長が婚約発表した、っていう話じゃないわよね」

【参考資料】
[1]『企業価値と会計・監査――会計とファイナンスの接点を探る』（日本公認会計士協会東京会）65ページ

「えっ！　どうして知ってるんすか？　エリカ会長」
「さっき、タカダ先生から教えてもらったのよ」
　ハルカ係長から、結婚披露宴の招待状を受け取ったものですから。社内恋愛だそうですよ。
「なぁんだ、そうだったんすか。どうりで、三つ葉葵ベジタブル研究所のナナコさんが、雀のように小躍りして『正義は勝つレタス』の大盤振る舞いをしていたわけだ」
「オレは、大玉スイカを30個もらったぜ」
　カクサン常務は腹巻きから、フィットネスクラブで使うような、バルーンサイズのスイカを取り出して、床に並べ始めました。
　私は、キャベツ１年分です。おかげで、キャベツ牛乳の自製に困りません。
「これなら、みんなで露天商ができるわね」
　エリカ会長の話によれば、ナナコさんはヤスベエ主事に、大きなつづらをプレゼントしたそうです。
　なるほど、それでヤスベエ主事は、左頬に絆創膏(ばんそうこう)を貼り、松葉杖をついて歩いていたわけですね。怪獣に食べられなかったのは、ナナコさんにもまだ、ヤスベエ主事への未練があったということなのでしょう。
「お姉ちゃんに『小さなつづらはないの？』って訊いたら、『コスト削減の折、それは発注しなかったわ』と、きっぱり言い切ってたわ」
「コスト削減で余ったカネで『バルーン・スイカ』を作るのであれば、大いに結構」
　カクサン常務は腹巻きに両手を突っ込んで、並べた30個のスイカの出来具合を確認しながら、感慨深げな表情を見せました。
　ちょっと常務、これでは歩けないですって。

第八幕

キャッシュフローから戦術会計への展開

第八幕のあらまし

◆ いままでは、貸借対照表と損益計算書を用いた管理会計でした。この第八幕は「第三の決算書」と呼ばれるキャッシュフロー計算書に関連した話題です。
◆ 会計の中でも難解な論点とされる減価償却の仕組みを、キャッシュフローの観点から解き明かします。
◆ フリーキャッシュフローを読み解く鍵は、第6話で説明した四大原理のフル活用にあります。
◆ 単年度でキャッシュフローを扱うものを、戦術会計といいます。
◆ 複数年のキャッシュフローを扱うものを、戦略会計といいます。
◆ この第八幕は戦術会計であり、次の論点を扱います。
　・受注すべきか、断わるべきか。
　・外注したほうが得か、自分で作るほうが得か。
　・追加加工したほうが得か、そのまま売ったほうが得か。

第30話　勘定が合っているのに、カネがない

☞ キャッシュフローの伏魔殿(ふくまでん)を突き抜けろ

　いままでは、貸借対照表と損益計算書という2種類の決算書だけで説明できる内容でした。財務会計ではもう一つ、「第三の決算書」と呼ばれるものがあります。キャッシュフロー計算書です。

　ところが、実務ではこの三番目の決算書が、すこぶる評判がよくない。貸借対照表と損益計算書を3か月（四半期）ごとに開示する上場企業があっても、キャッシュフロー計算書を省略する企業が多いという事実が、それを物語っています。

　作るのが難しいという事情もあります。経営判断にほとんど役立たない、という事情もあるようです。ビジネスに携わる人たちは「労多くして功少なし」を本能的に察知しているのでしょう。

　私も、現行のキャッシュフロー計算書は、実務では役立たないと判断しています。

　しかし、キャッシュフローそのものは、管理会計では非常に重要な概念です。以下では、オカミが定めた様式をひとまず神棚に奉(たてまつ)っておいて、功を多くするための話を展開することにします。

☞ 仮想通貨はキャッシュにあらず

　キャッシュというのは、現金（硬貨と貨幣）に、預金（普通預金や定期預金など）を加えたものをいいます。

　上場株、金(きん)、仮想通貨（または暗号資産）などは、キャッシュに含めません。価格の変動が大きいからです。

　ここで扱うキャッシュは、残高（ストック）ではありません。キャッシュが増えたか減ったか、その増減額（フロー）に関心があります。これが、キャッシュフローです。

企業にキャッシュが入ってくる場合を、キャッシュ・イン・フロー（CIF）といいます。逆にキャッシュが出ていく場合を、キャッシュ・アウト・フロー（COF）といいます。
　CIFからCOFを差し引いたものを「正味キャッシュフロー」といいます。

〔図表30-1〕正味キャッシュフロー

（キャッシュ・イン・フローCIF）－（キャッシュ・アウト・フローCOF）
　　　　　　　＝（正味キャッシュフロー）

　管理会計で扱う売上高は原則としてCIFを想定し、総コストはCOFを想定します。売掛金や買掛金の「掛け取引」を想定せず、すべての取引を現金商売とみなします。商品などの棚卸資産も想定しません。
　したがって、損益計算書の営業利益までの段階で管理会計を展開するときは、営業利益と正味キャッシュフローとは一致することになります。

減価償却は税と並んでワンツーフィニッシュ

　CIFとCOFを同時に理解する題材として、減価償却を取り上げます。
　会計を学ぶ人に「嫌いな論点は何か」を問うと、ワンツーフィニッシュで挙げられるのが、税と減価償却です。嫌いになる理由は、計算テクニックに走りすぎていて、「なぜ」を理解するところまで到達できずに、本を閉じてしまうからです。
　確かに、管理会計は論点が多すぎて、「なぜ」を理解する余裕がない。ここで、しっかりと減価償却の仕組みをマスターしましょう。
　例えば、1,000円の文房具を購入したとします。こうした「少額の有形固定資産」は、1年以内のうちに使い切ってしまうので、損益計算書の消耗品費に計上して、翌期に繰り越さないようにします。
　次に、10億円のビルを建てたとします。完成と同時に、気前よくポンと、10億円を支払うことにします。
　ビルほどの大きな建物になると、これを1年以内に取り壊すことはありません。また、この10億円全額を、支払った年度の損益計算書に、コストとし

て一括計上しては、大赤字になります。

そこで減価償却という仕組みを利用して、翌期に繰り越していく方法が採用されます。

☞ 減価償却マジックの種明かし

まず、1年目に、10億円全額を、貸借対照表の固定資産に計上します。

このビルを、10年間にわたって使い続けるとしましょう。1年ごとのビルの利用価値は、1億円（＝10億円÷10年間）ずつになります。

次に、利用価値に相当する1億円を毎年、貸借対照表の固定資産から取り崩し、損益計算書へ振り替えるのです。この振り替える処理を「償却」といい、損益計算書に計上するときの科目を「減価償却費」といいます。

図解すると、次の〔図表30-2〕の通り。2年目以降は支出がないのに、コストになる。実に会計らしい仕組みです。

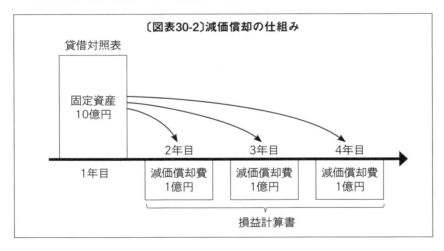

ちなみに、貸借対照表に計上された建物の利用価値は、2年目には9億円に減り、3年目には8億円に減ります。これが「減価」です。

☞ 減価償却はそれほど古くない制度

　減価償却は、コロンブスの時代から認識されていた会計処理ではありません。19世紀後半、アメリカの鉄道会社が、その巨額の設備投資額をどのように扱ったらいいかと悩んで、減価償却制度が生まれたとされています。

　固定資産を除却したり売却したりするときに発生するコスト（除却損や売却損）も、減価償却費の仲間です。なぜなら、これらは「減価償却費の最終調整額」だからです。新たな支出はありません。

　ただし、固定資産の売却益には、注意が必要です。売却益に相当するキャッシュ・イン・フロー CIF があるからです。

☞ 減価償却費はキャッシュのアウトか、インなのか

　減価償却費に関する重要なポイントは、これがキャッシュ・イン・フロー CIF である点にあります。

「売却益が CIF なのは理解できるけれど、減価償却費も CIF なの？」

　その通りです。

　なぜ、減価償却費も CIF なのか？　これを理解しておくのは、減価償却の仕組みを理解するだけでなく、キャッシュフローを理解する上でも重要です。

　最初に押さえておくべきことは、キャッシュフローには「イン」と「アウト」の2種類しかないことです。売掛金の例で説明しましょう。

　売掛金の残高が減少するのは、その回収が行なわれたからです。したがって、売掛金の減少（回収）は、CIF です。その反対に、売掛金の増加は、キャッシュ・アウト・フロー COF になります。なぜなら、キャッシュフローには、インとアウトの2種類しかないのだから。

　そこで減価償却費です。これは貸借対照表に計上された固定資産の利用価値を、複数年にわたり、損益計算書へ振り替えていくものでした。

　通常、コストというのは、支出のことを意味します。役員報酬、接待交際費、支払手数料など、これらのコストは、支出（キャッシュ・アウト・フロー COF）そのものです。

ところが、減価償却費は、先ほど説明したように「支出はないのに、コストになる」。
　支出はないのだから――、
　　①減価償却費は、キャッシュ・アウト・フロー COF ではない。
　　②キャッシュフローには、CIF と COF しかない。
　　③減価償却費は、COF ではないのだから、CIF なのだ。
という論理構成になります。
　〔図表30-2〕でも COF と CIF の関係を説明することができます。右向きに描かれている矢印よりも上側（固定資産10億円）は COF の世界であり、下側（減価償却費1億円）は CIF の世界になります。

☞ EBITDA の宿題を片付けろ

　第15話では、EBITDA という経営指標を紹介しました。その指標では、当期純利益に、減価償却費や引当金を加算していました。
　スケサン主任、あのとき、なぜ加算するのかを尋ねましたよね。
「正夢として、今でもちゃんと覚えています」
　その理由を説明しましょう。まず、当期純利益は、あらゆるコストを差し引いた CIF の「純額」です。減価償却費も差し引かれています。
　では、CIF の「総額」を求めたい場合は、どうするか。
「差し引いたものを戻せばいいのだから、CIF である減価償却費を、当期純利益に『足し戻せば』いいわけね」
「あ、エリカ会長、先に答えるなんて、ずるいっ！」
　〔図表15-4〕の EBITDA の式では、減価償却費の次に、引当金が加算されていました。この引当金も「支出はないのに、コストになる」ものです。だから、減価償却費と一緒に、当期純利益に「足し戻す」のです。
　減価償却費や引当金にはキャッシュを蓄積する能力があることから、これらは「自己金融機能」や「内部金融機能」がある、と説明されることがあります。
　第15話で持ち越した宿題の説明は以上です。スケサン主任、よろしいですか。
「EBITDA のときのように、わかったような、わからないような」

「でも、もう知ったかぶりはできないわよ」
「補習も困るしなぁ」
　次の、八幡タロー製作所の研修用DVD『御曹司と愉快な仲間たち』の続きを見ながら、キャッシュフローへの理解を深めてみることにしましょう。

第31話 戦術会計は収支の差額に秘密あり

☞ あれか、これかを問うことを差額収支分析という

　第30話では、キャッシュフロー計算書は実務で役立たない、と批判しました。
　役立たないといっても、様式に問題があるのであって[1]、キャッシュフローそのものに罪があるわけではありません。ここでは重要な概念であるフリーキャッシュフローを取り上げて、その重要性を明らかにします。
　専門用語で気をつけたいのが、収益と収支の区別。いままで、さりげなく用いてきました。簡単に整理しておきましょう。
　収益というのは、収入（売上高）と、利益（営業利益や当期純利益）を、二文字で表わしたものであり、これは損益計算書の話です。
　収支というのは、収入と支出を二文字で表わしたものであり、これはキャッシュフロー計算書の話です。
　キャッシュフローで重要なのは、収益ではなく、収支です。
　第7話では、リースが得か、ローンが得かという択一問題を紹介しました。第8話では、モテモテ男の択一問題を紹介しました。これらは「差額収支分析」と呼ばれるものであり、管理会計という体系の中では特に「戦術会計」という名で括られます。
　損益計算書の体裁を取っていても、その裏にある概念は収益ではなく、収支です。したがって、差額「収益」分析とはいわないので念のため。

☞ 差額収支分析の手順

　差額収支分析は、次の手順で行ないます。

【参考資料】
[1] キャッシュフロー計算書に潜む問題点については、拙著『[決定版] 新・ほんとうにわかる経営分析』（ダイヤモンド社）244ページ以降で詳述しています。

> **〔図表31-1〕差額収支分析の手順**
>
> ① 候補となる投資案をいくつか取り揃えて、それぞれの収入と支出を集計します。
> ② それぞれの案について、収入と支出の差である収支を計算します。
>   ⇨ 個々の案で求めた収支を、フリーキャッシュフロー（FCF）と呼びます。
> ③ 複数の投資案のうち、上位2つの案をピックアップします。
>   ⇨ 一方の案から見た他の案を、代替案といいます。
>   ⇨ 2つの案のFCFの差額を、差額フリーキャッシュフローと呼びます。
> ④ 上記③の差額FCFを比較検討して、機会損失が最小になる案を選択します。

具体的な事例で、差額収支分析を行なってみることにします。

☞ 10万個のまんじゅうを、たいらげる男

「て、てぇへんだぁ、ベンケイ次長！」

八幡タロー製作所のゴシラカワ係長が、息せき切って駆け込んできました。

「騒々しいヤツだなぁ。それに、その現われかた、どこかのDVDで見たことがあるな」

「例のコンツェルンのやつでさ。それより次長、急ぎの案件だ。三つ葉葵百貨店さんがよ、『勧進帳まんじゅう』を10万個、作ってくれっていうんだよ」

「そいつはまた、でけぇ注文だ」

「だろ？ だろ？ ただし、条件があってな。2割引にしてくれねぇか、っていうんだよ」

ベンケイ次長は、椅子にもたれ掛かりながら、額に手を当てました。

「10万個で2割引かぁ。そいつぁ、厳しい注文だな。で、その条件は、他の得意先に漏れることはないんだろうな」

「そいつは大丈夫だ。三つ葉葵百貨店は、コンプライアンスが徹底していることで有名な大店よ」

第八幕　キャッシュフローから戦術会計への展開　223

「わかった、早速、検討してみるぜ」

おぅ、頼んだぜ、といってワイシャツの袖をまくったゴシラカワ係長は、ベンケイ次長の机にあったブンスタ①を鷲(わし)づかみにして、工場を飛び出していったのでした。

☞ わいわい、がやがやの結論

ベンケイ次長は、生産管理のメンバーを集めて、三つ葉葵百貨店の申し出について検討してみることにしました。

『勧進帳まんじゅう』の販売価格と製造コストについては、現状、〔図表31-2〕のようになっていました。

```
〔図表31-2〕勧進帳まんじゅう
 1．販売価格    ＠100円
 2．製造コスト
   ①変動費率   ＠30円
   ②固定費   200万円（月間発生額）
```

「え〜っと、2割引の要求ですから、販売価格は、＠100円から＠80円に下げることになりますね」

「埋没費用は、どれになるんだ？」

「製造コストにある固定費200万円です。今回の注文を受けても、受けなくても、発生するコストですから」

「よし、わかった。これでシミュレーションをしてみよう」

その結果が、〔図表31-3〕になりました。

【参考資料】
① 高校生の間では、煙草のセブンスターをこう呼ぶらしい。

〔図表31-3〕差額収支分析

	【注文を受ける場合】	【注文を受けない場合】
売上高	800万円（注1）	0円
変動費	300万円（注2）	0円
固定費	0円	0円
営業利益	500万円	0円

(注1)@80円×10万個＝800万円
(注2)@30円×10万個＝300万円

「【注文を受けない場合】は、すべてがゼロだから、比較するまでもないですね」
「売掛金や買掛金を想定しないので、【注文を受ける場合】の営業利益500万円が、そのまま差額フリーキャッシュフローになります」

メンバー全員が、ベンケイ次長に注目しました。

「よし、わかった。500万円もの『お得感』があるようだから、この注文は大歓迎ということになる。早速、ゴシラカワ係長には注文を取ってくるように伝えよう」

☞ 不作為の現状維持案を見落とすな

非常に簡単な設例でした。簡単なだけに、見落としてしまいそうな論点が、いくつかあります。それを説明しておきます。

第一に、【注文を受けない場合】は、現状維持案になります。検討する案件にはすべて、現状維持案があることを忘れないように。

第二に、大量注文とともに大幅な値引き要請がある場合、注文してきた得意先以外に情報が漏れないことを確かめる必要があります。ベンケイ次長は真っ先に、それをゴシラカワ係長に確認していました。

他の得意先に情報が漏れるようであれば、すべての製品が価格引き下げの圧力を受ける可能性があります。そのリスクを加味した差額収支分析が必要です。

実際には漏れることもあるでしょう。その場合は、注文を受ける案を「親の代替案」とし、情報が漏れた場合と漏れない場合の「子の代替案」をそれぞれ検討する必要があります。
　第三に、埋没費用を見極めることです。ゴシラカワ係長が話を持ち込む前に、八幡タロー製作所で生産していた『勧進帳まんじゅう』に係る売上高や営業利益は、すべてが埋没費用になります。
　差額収支分析の対象となるのは、ゴシラカワ係長が今回持ち込んできた案件だけです。
　第四に、『勧進帳まんじゅう』10万個の注文を受けるにあたっては、10万個を生産できるだけの余剰生産能力があることを前提とします。
　もし、余剰生産能力が2万個しかなかった場合、残り8万個をどうするか、という代替案を考える必要があります。設備を増強するのか、外部委託するのか。
　差額収支分析は、考え出したらキリがない話です。

第32話　外製が得か、自製が得か

☞ カミサンが昼まで寝てる男

「て、てぇへんだぁ、ベンケイ次長！」
　八幡タロー製作所のゴシラカワ係長が、息せき切って駆け込んできました。
「騒々しいヤツだなぁ。今度は、カミサンに逃げられたか？」
「何いってやがんでいっ！　かあちゃんなら毎日、昼まで寝てるよ。——ってか、そういうことじゃねぇんだ。こいつを見てくれ」
　ゴシラカワ係長が胸ポケットから取り出したのは、小指の先ほどの蓄電池でした。
「どうだい、これ。いま、製造部で作っている人工知能スピーカー『笑う柴犬』の内蔵バッテリーとして使えると思うんだがなぁ」
「ほほぉ、なかなか良さそうなシロモノじゃねぇか。で、この蓄電池は、いくらするんだい？」
「葵乃紋付ハカマ製作所で、100個10万円で卸してくれるんだとさ」
「1個100円か。いま、当社で製作している蓄電池は確か、その倍近くのコストだったな」
　悪い話じゃない、とベンケイ次長は思案しました。
「わかった。検討してみよう。製造部はいま、予算削減でキリキリ舞いしているからな。例の三つ葉葵百貨店のおかげでね」
「す、すまねぇ。あれは、こっちの情報管理が甘かった」
　ゴシラカワ係長が、思わず俯きました。「オレもまさか、三つ葉葵百貨店がハッキング被害にあって、『勧進帳まんじゅう』の価格情報が、外部に漏れるとは思ってもみなかったすよ」
「百貨店の在庫管理をしている人工知能が、米国のハッカー少年によって、たらし込まれたんだってな」
　人工知能が「オンナ」として自覚したところを、そこに脆弱性があると

みたハッカー少年が「ナンパした」というのが事件の真相のようです。
「他の業者の価格情報も、だいぶ漏れたみたいだ。いいってことよ、あれはもう、法務部預りだ」
「本当に、すまねぇ。そう思って、この蓄電池を探してきたんだ」
「ありがとうよ。お礼だ。このブンスタを持っていきな」
　胸ポケットから取り出したセブンスターを差し出すと、ゴシラカワ係長の目が輝きました。
「おっ、さすがベンケイ次長。江戸っ子だってねぇ」
「残念ながら、神奈川のムサコの生まれよぉ」

☞ 差額収支分析では埋没費用の見極めが大事

　自社内で製造する部品を自製品、そして外部から購入する部品を外製品といいます。
　ベンケイ次長は、生産管理のメンバーを集めて、人工知能スピーカー『笑う柴犬』に内蔵するバッテリーを、葵乃紋付ハカマ製作所からの外製品に切り替えるか、そのまま自製するかについて検討してみることにしました。
　外製品については、ゴシラカワ係長の情報の通り@100円です。一方、八幡タロー製作所で蓄電池を自製する場合のコストは、〔図表32-1〕の通りです。

〔図表32-1〕『笑う柴犬』の自製部品コスト

(1) 製造コストの内訳
　①変動費率　　　　　@120円
　②固定費（月間）　　300万円

(3) 必要量（月間）　　5万個

「この差額収支分析で、埋没費用は、どれになるのかな？」
「人工知能スピーカーを外部へ販売するときの売上高や、蓄電池以外の製作コストは当然、埋没費用になるでしょうね。〔図表32-1〕にある固定費300万円も、埋没費用になります」

「よし、〔図表32-2〕が、シミュレーション結果だ」

〔図表32-2〕差額収支分析

【外製品に切り替える案】		
購入費用（FCF）	▲500万円	＝＠100円×5万個

【自製を続ける案】		
変動費	▲600万円	＝＠120円×5万個
固定費	0円	
製造コスト計（FCF）	▲600万円	

「ベンケイ次長、できました。【外製品に切り替える案】のFCFが500万円の支出増であるのに対し、【自製を続ける案】のFCFは600万円の支出増です」
「なるほど、外製品に切り替えたほうが100万円の差額フリーキャッシュフローがあり、『お得感』が生まれるということか。わかった、ありがとう」

☞ 差額収支分析の勘どころ

ベンケイ次長とゴシラカワ係長との会話で「当社で製作している蓄電池は確か、その倍近くのコストだったな」とありました。これは〔図表32-1〕の資料を使って、次のように計算します。

〔図表32-3〕1個あたりの単価

①変動費	600万円	＝＠120円×5万個
②固定費	300万円	（月間発生額）
③合　計	900万円	
④1個あたりの単価	[1]＠180円	＝③÷5万個

〔図表32-3〕の計算方法を、制度原価計算（全部原価計算）といいます。詳細は、拙著『高田直芳の実践会計講座　原価計算』（日本実業出版社）42ページ以降を参照してください。

〔図表32-3〕によれば、八幡タロー製作所の単価（[※1]@180円）は、葵乃紋付ハカマ製作所の単価（@100円）の2倍近く（1.8倍）あることになります。

ところが、〔図表32-2〕の差額収支分析によれば、単価は@120円なので1.2倍にまで縮まります。これが戦術会計の特徴です。

☞ お得感があっても断わる場合がある

数日後、社員食堂から出てきたゴシラカワ係長を、ベンケイ次長が呼び止めました。
「ゴシラカワ係長、この間は、すまなかったな」
「あ、ベンケイ次長。葵乃紋付ハカマ製作所の件を断わったんですってね。がっかりっすよ」
「シミュレーションしたところ、外製品に切り替えたほうが、若干の『お得感』が生まれるとわかったのだが、1.2倍程度の差で自社の付加価値を落とすわけにはいかない、という経営判断が働いてね」

ベンケイ次長は、肩をすくめてみせました。

第15話では、外製品に切り替えることは、自社の付加価値を低め、企業の基礎体力を弱める可能性があることを指摘しました。

加えて、外製に切り替えた場合、それまで自製に関わっていた人員をどうするか、配置転換ができないのであればコスト増になるのではないか、という懸念材料もあったようです。ただし、これらは埋没費用だから、心配しても仕方のないことなのですが。

実際、上場企業の中には、小規模ながらも外注先と同じ生産ラインを自社内に残し、社内で蓄積したノウハウをもって、外注先との交渉に臨むケースもあります。この場合は、埋没費用になりません。

☞ 機会損失は後悔という形になって現われる

　その反対に、自社内部にノウハウがないために、法外な支出を余儀なくされるケースを、しばしば見かけます。役所のシステム導入に、そうしたケースが多くあります。

　イニシャルコスト（初期投資額）を安くして、翌年度以降のランニングコスト（更新投資額）を高く吊り上げる、というのが、システム開発会社側の経営戦略です。

　役所にシステムの専門家がいなければ、そのまま支払わざるを得ない。私たちの税金は、こうして無駄遣いされるのです。

「製造部でノウハウを蓄積させるのはいいけれど、同時にコスト削減も行なえ、というのだから、ストレスがたまる一方だよ」

「ストレスねぇ」ゴシラカワ係長が、ニヤニヤしました。

「そういえば、ベンケイ次長は最近、タバコをやめたとか。カミサンに叱られたんすか？」

「恐妻家の係長と一緒にしないでくれ。この間、管理会計のセミナーに参加したら、その講師から『タバコは、一方的な機会損失しか生まないんですよ』と脅されてね。休憩タイムに自分が吐くタバコの煙を見て、これが機会損失かぁ、と思ったら、急に気が抜けたんだ」

「そんなもんすかねぇ」

「機会損失はいずれ『後悔』という形になって現われるらしいぜ」

第33話　追加加工に隠された戦術会計

☞ 乳首を噛まれた男

「て、てぇへんだぁ、ベンケイ次長！」
　八幡タロー製作所のゴシラカワ係長が、息せき切って駆け込んできました。
「……ったく、相変わらず騒々しいヤツだなぁ。チーママのひろこちゃんに、乳首でも噛まれたか」
「でへへ、ひろこちゃんはすっかり、オイラに"ほ"の字でよぉ。──ってか、そんなことは、どうでもいいんだ。次長に一つ、頼みたいことがあるんだ」
　ゴシラカワ係長の頼み事は、一癖も二癖もあることで有名です。
「来週、ホリーホック技研のヒコザエモン工場長と、ゴルフコンペで同じ組になっちまってさ」
　ホリーホック技研といえば、八幡タロー製作所のライバル企業だ。先月、両社が相次いで発売したドライバーは、ゴルフ愛好者の間で人気を二分しています。
「『この、たわけがっ！』が口癖のヒコザエモン工場長には、意地でも負けられねぇ。でも、最近、オレっちのドライバーショットは、スライスがひどくてね。どうにかならないっすか」
「係長の球は、右隣のコースにまで飛ぶことで有名だからなぁ」
「そこを何とか、オレに合うようなドライバーを作ってくんねぇか」
「難しい注文だな。ま、検討してみることにするよ」

☞ ゴルフクラブに仕組まれた細工

「──というわけで、当社のチタン製ドライバー『ナイス・チョット』に追加加工を施して、スライスやフックが起きないようにしてもらいたい」
　ベンケイ次長が、生産管理のメンバーを見渡しました。
「随分と難しい注文ですね」

「そうかしら。ドライバーのヘッドに、ジャイロスコープを埋め込むなんて、どお？」
　あ、なるほど、という声が上がりました。
「ジャイロスコープの動きで、インパクトの瞬間、ヘッドの角度を自動的に調整しようというわけだ」
「よし、早速、開発に取りかかろう」
　こうして、ドライバーのヘッド部分に、ジャイロスコープを組み込んだ『スーパー・ナイス・チョット』が完成しました。

☞ 追加加工の採算の可否

　問題は、その販売価格をいくらにするか、採算は合うのか、ということでした。
　従来モデル『ナイス・チョット』の販売価格と、製造に係るコストは、〔図表33-1〕の通りでした。

〔図表33-1〕1本あたりのデータ

① 販売価格	30万円
② 製造コスト	
変動費	10万円
固定費	10万円
コスト合計	20万円

　新モデル『スーパー・ナイス・チョット』は、〔図表33-2〕の通りに決まりました。

〔図表33-2〕1本あたりのデータ

① 販売価格	80万円
② 製造コスト	
変動費の追加分	40万円
固定費の追加分	0万円
コスト合計	40万円

「埋没費用は、どれになるんだ？」
「〔図表33-1〕にある製造コストは、そのすべてが埋没費用になります」
「そうなると『販売価格の値上がり分』と『変動費の追加分』を考慮すればいいんだね」

以上より『スーパー・ナイス・チョット』の差額収支分析は、〔図表33-3〕の通りとなりました。

〔図表33-3〕差額収支分析

①販売価格の値上がり分	50万円	＝80万円－30万円
②変動費の追加分	40万円	
差額FCF	10万円	

「差額FCFが10万円、増えるのか。こいつは『お得』だな。よし、これで行こう」

☞ 追加加工は付加価値を生む

　従来の製品に追加加工を施す場合、付加価値が増える分、さらに高い価格で販売することが可能です。差額FCFがプラスになるのであれば、そこに

はお得感が生まれ、追加加工をしたほうがいい、というインセンティブが働きます。

　追加加工のケースでは、従来モデル『ナイス・チョット』と、新モデル『スーパー・ナイス・チョット』のどちらを優先して生産・販売するか、を検討するのではありません。第13話の「舌切り雀」とは異なります。

　追加加工のケースでは、新モデル『スーパー・ナイス・チョット』を生産・販売して、差額FCFが増えるかどうかだけを検討します。

　したがって、〔図表33-1〕にある製造コストはすべて、埋没費用になるのです。

☞ スライスボールの後日談

　休み明けの月曜日、出勤したばかりのゴシラカワ係長を、ベンケイ次長が呼び止めました。
「おぅ、昨日のコンペはどうだったい？」
「あ、ベンケイ次長、おはようございます。『スーパー・ナイス・チョット』ありがとうございました」
　ゴシラカワ係長はペコリと頭を下げると、そのまま俯いて、大きな溜息をつきました。
「なんだい、元気がねぇなぁ。ははぁん、OBでも連発したか」
「いえ、スライスボールも、OBもありませんでした。さすが『スーパー・ナイス・チョット』です。でも、いっかな飛距離でボロ負けです」
　顔を上げたゴシラカワ係長は、半べそ状態になっていました。
「相手のドライバーは『To Be To Be Ten Made』といって、その飛距離は軽く600ヤードを超えるんすよ。バックヤードからのパー5が、すべてワンオンでした」
　600ヤードをワンオンだって！　そんな、たわけたことがあるのか？！
　ベンケイ次長の知るところでは、ヒコザエモン工場長は先月、喜寿を迎えたはず。どう考えても、600ヤードを飛ばせる体力があるとは思えません。
「それが、やっこさんのドライバーには、ジェット噴射装置が追加加工されていたんでさぁ……」

第九幕

戦略会計でディスカウント・キャッシュフロー

第九幕のあらまし

- ◆ 管理会計の心臓部ともいえるディスカウント・キャッシュフロー（DCF）を扱います。
- ◆ ここまで説明してきた内容のほとんどは、DCFに収束する、といっても過言ではありません。
- ◆ DCFを核とした管理会計を特に、戦略会計と呼びます。
- ◆ 単利計算と複利計算に関する簡単な説明から始まり、そこを起点として時間軸を遡（さかのぼ）ると、割引現在価値としての最終利益が求められる、という衝撃の結末に至ります。
- ◆ 本作のダブル主人公である女子高校生と男子高校生の顛末（てんまつ）や如何に。

第34話　時空を超えるディスカウント・キャッシュフロー

☞ M&A や PFI で活躍する DCF 法

　管理会計の大トリに位置するものとして、ディスカウント・キャッシュフロー法を説明します。略して、DCF[①]法。大型の設備投資案件や、M&A 戦略を策定するにあたって採用される計算手法です。

　民間ビジネスだけでなく、公共施設に関わる PFI[②] でも DCF 法は活用されているので、ここでその基礎知識を習得しておきましょう。

　M&A を想定します。買収をする企業を甲社とし、買収される企業（被買収企業）を乙社とします。

　M&A で重要なのは、乙社の時価はいくらか、という点にあります。

　例えば、乙社の「真実の時価」が100億円だとしましょう。甲社が120億円で買収すれば、甲社は20億円の損をします。逆に、甲社が90億円で買収すれば、乙社の株主は10億円の損をします。

　乙社が上場企業であれば、話は簡単です。その日の株価に株式数を乗じた時価総額を計算すればいいのですから。

　ただし、それが「真実の時価」といえるかどうかは疑問です。

　今日の時価総額が100億円であっても、5年後の時価総額は半分の50億円に減っているかもしれないのです。逆に、200億円に倍増しているかもしれない。こうした時間軸を加味したものが、DCF 法になります。

　いまの例は上場企業でしたので、時価総額を求めることができました。非上場企業の買収や、不動産への投資などになると、時価総額さえわかりません。ましてや、5年後、10年後がどうなっているか。

　そうしたときでも、おおよその目鼻立ちを見せてくれるのが、DCF 法です。

【参考資料】
① Discounted Cash Flow
② Private Finance Initiative　民間資金活用事業

☞ 利息を無駄遣いする単利計算

簡単な設例から話を始めます。カクサン常務、図表を使って説明を行ないたいのですが、4K8Kの画面はありますか。

「あるよ」

常務は事もなげにそう答えると、腹巻きから、60インチの大型ディスプレイを取り出してくれたので、〔図表34-1〕を映し出すことができました。

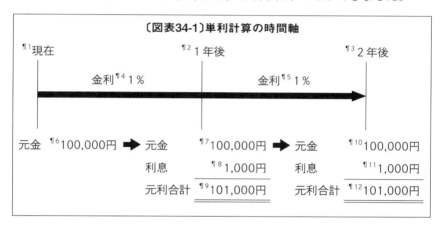

¶1現在、手元に¶610万円の現金があるとして、年利¶41％（0.01）の定期預金で運用することにします。

¶21年後に受け取る元金は¶710万円であり、利息は¶81,000円（＝10万円×0.01）になります。これらを合わせた¶9101,000円を、元利合計といいます。

次に、¶21年後に受け取った利息¶81,000円を昼食代として消費し、元金¶710万円を2年目にも定期預金として預けます。年利¶51％であれば、¶32年後に受け取る利息も¶111,000円です。

このように、元金だけを運用していく方法を、単利計算といいます。

なお、¶32年後の元利合計¶12101,000円を一発で計算する場合は、次の式によります。

〔図表34-2〕単利計算
100,000円 × (1 + 0.01) = 101,000円

👉 雪だるま式の複利計算

　定期預金の利息計算には、単利のほかに、複利があります。
　〔図表34-1〕の ¶12 1年後に受け取った元利合計 ¶9 101,000円を無駄遣いせず、そのまま年利1％で運用した場合、2年後に受け取る元利合計は〔図表34-3〕にある通り ¶15 102,010円になります。

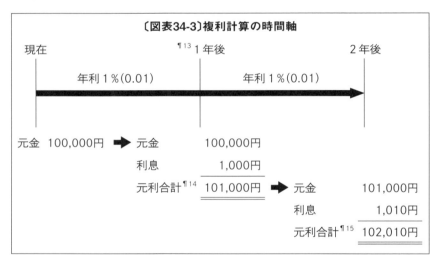

　〔図表34-1〕の単利計算では、¶12 1年後の元金 ¶7 10万円だけを2年目に繰り越しました。
　それに対し、〔図表34-3〕の複利計算は、¶13 1年後の元利合計 ¶14 101,000円をそのまま2年目に繰り越します。このように、元利合計で運用していく方法が、複利計算です。
　複利運用の場合で元利合計を一発で計算するときは、次の式にある通り、10万円を (1＋0.01) で2回、掛け合わせます。

〔図表34-4〕複利計算

100,000円 ×（1 + 0.01）×（1 + 0.01）= 102,010円

☞ 複利計算の応用です

　ここで問題です。2年後に102,010円の元利合計を得たい場合、いま、銀行にいくら預ければいいでしょうか。
「はい」
　スケサン主任、どうぞ。
「そりゃあ、10万円でしょう」
　計算の仕方は、わかりますか。
「102,010円を（1＋0.01）で2回、割り返せば、10万円になります」

〔図表34-5〕割引計算

$$\frac{102{,}010円}{（1 + 0.01）×（1 + 0.01）} = 100{,}000円$$

　〔図表34-4〕を複利計算と呼ぶのに対し、〔図表34-5〕を割引計算といいます。複利計算の裏返しです。
　時間軸で表わすと、次の〔図表34-6〕になります。

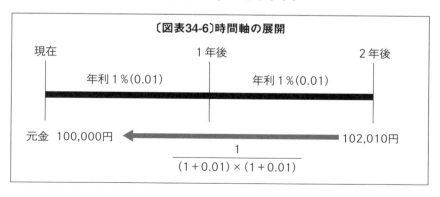

第九幕　戦略会計でディスカウント・キャッシュフロー　241

〔図表34-6〕では、灰色で描いた矢印の向きが、逆方向になっている点に注意してください。

👉 時計を逆回転させろ

応用問題です。2年後に10万円の元利合計を期待したいとき、いま、銀行にいくら預ければいいでしょうか。

「10万円を、1.01で2回、割り引けばいいのだから、98,030円になります」

正解です、エリカさん。

〔図表34-7〕割引計算

$$\frac{100,000円}{(1+0.01) \times (1+0.01)} = 98,030円$$

「なるほどぉ、2年後の10万円を見すえて、そこから時計を逆回転させるわけだ。これが『割り引く』ということですね」

スケサン主任が、妙に納得した顔をしました。

「〔図表34-8〕を、8K 画面に映し出しましょうか」

はい、常務、お手数をおかけします。

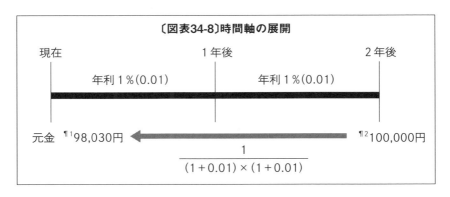

〔図表34-8〕にある通り、2年後にある [2]10万円を、時間軸とは反対方向に

計算して求めた [1]98,030円を、割引現在価値といいます。将来の価値を、一定の利率で年数分だけ割り引いて、現在の価値に換算する、という意味です。

このような計算方法で、割引現在価値を求めていく計算方法を、ディスカウント・キャッシュフロー法（DCF法）といいます。

☞ 現在価値と将来価値を比較するのが戦略会計

DCF法を、二者択一や三者択一に絡めて、将来の経営戦略を練る方法を、戦略会計といいます。

例えば、現在の10万円を選択する案を、A案とします。2年後の10万円を選択する案を、B案とします。どちらかの案を選べ、と提案されたら、どうしますか。

「直感では、A案のほうが良さそうな気がするんだけどなぁ」

「スケサン主任、直感では駄目よ。現在の10万円と将来の10万円とを比較する場合は、将来の10万円のほうを、年利1％で、割引現在価値に換算しないと」

その通りです。

A案の10万円はそのままで現在価値になっているので、割り引く必要がありません。

B案の10万円は現在価値ではないので、割引現在価値を求める必要があります。これは〔図表34-7〕により、98,030円になります。

ここからが戦略会計です。

もし、A案を選択した場合、機会費用は、断念したB案の割引現在価値98,030円になります。差し引き1,970円（＝100,000円－98,030円）の機会損失が発生します。

もし、B案を選択した場合、機会費用は、断念したA案の現在価値10万円になりますから、1,970円の「お得感」があります。

したがって、A案を選択しようというインセンティブが働くのです。

第九幕　戦略会計でディスカウント・キャッシュフロー

| 第35話 | 戦略会計を一歩進めて 正味割引現在価値 |

☞ もうすぐ大団円

　今日は、八幡タロー製作所での最後の研修。いままでの知識を総動員して、次の問題に取り組んでもらいます。

　あるビジネスモデルを想定します。1年後の売上高を ¶⁵10万円、これに対応する総コストを ¶⁶4万円と予想した場合、現時点で期待される最終利益は、いくらになりますか。ただし、年利率を ¶⁴1％（0.01）とします。

　ヨシツネくん、どうですか。

〔図表35-1〕割引現在価値

	【割引現在価値】	年利率 ¶⁴1％	【割引現在価値】
売上高	¶¹99,010円	←	¶⁵100,000円
総コスト	¶²39,604円	←	¶⁶40,000円
最終利益	¶³59,406円		60,000円

　「〔図表35-1〕より、売上高の割引現在価値は ¶¹99,010円、総コストの割引現在価値は ¶²39,604円。したがって、現時点で予想される最終利益は ¶³59,406円になります」

　ご名算です。

☞ 正味割引現在価値とは最終利益のこと

　〔図表35-1〕で気をつけたいのは、割引現在価値は時計を逆回転させるものなので、矢印は右から左へ向かうことです。

　計算の手順はまず、売上高の割引現在価値 ¶¹99,010円と、総コストの割引

244

現在価値 ¶₁₂39,604円をそれぞれ求め、両者の差額である最終利益 ¶₁₃59,406円を求めます。

この最終利益 ¶₁₃59,406円は「正味」です。しかも、この正味も、割引現在価値です。

したがって、〔図表35-1〕で求めた最終利益 ¶₁₃59,406円を特に、正味割引現在価値といいます。略して、NPV①。

経済関連の新聞や雑誌を読んでいると、1週間に1回は、DCFやNPVの用語に出くわします。その際、NPVは、割引現在価値に換算した後の最終利益なのだな、と見抜いてください。

☞ コングロマリット・ディスカウント

——とまぁ、私が作成した研修用DVD『御曹司と愉快な仲間たち』は、以上になります。

いかがでしたか、ミツクニ副会長。

「タカダ先生、ありがとうございました。このDVDは、わが『三つ葉葵コンツェルン』の全社員で学習するようにしましょう」

ありがとうございます。

「それにしても——」

どうかしましたか、副会長。

「このDVDを見ていて、つくづく感じたのは、わがコンツェルンは、ツナヨシ社長のもとで事業を広げすぎたようじゃのう。『ディスカウント』という語に、ドキリとさせられましたよ」

ミツクニ副会長が懸念されているのは、同じディスカウントでも、『コングロマリット・ディスカウント』のほうではないですか。

「コングロ？　何それ？」

エリカ会長が小首を傾げました。

現在の『三つ葉葵コンツェルン』は、多数の事業を抱えた複合体になって

【参考資料】
① Net Present Value

第九幕　戦略会計でディスカウント・キャッシュフロー　　245

しまっています。個々の事業がどれほど成長しようとも、それらを総合した価値が株価に反映されなくなることを『コングロマリット・ディスカウント』または『多角化ディスカウント』といいます。

　これからの『三つ葉葵コンツェルン』にとって必要なのは、管理会計や戦略会計のノウハウを用いて、組織を統制し運営する仕組み作りでしょう。
「ハードとソフトの両面でじゃな」
「あら、ハード面については、ホリーホック技研にリョーコ係長がいるから大丈夫よ。問題は、ソフト面ね。三つ葉葵百貨店事件を、二度と起こさないようにしなくちゃ」
　エリカ会長が、右手の拳をぐっと握りしめました。
　今度ここを訪ねるときは、マイクを持参するとしよう。
「人工知能を制御するプログラムを組み、アウトプットされたデータを解析できる人材が必要よね。将来有望なデータサイエンティストが、どこかにいないかしら？」
　多少の心当たりはありますが──。

第36話 | そして二人は出会ってしまった

☞ 知らざあ言って聞かせやしょう

　私は、ヨシツネくんとベンケイ次長を連れて、オフィスビル1階の回転ドアをくぐり抜けました。
「御曹司、これでよろしいのですね」
　ベンケイ次長が、不安そうな顔をして、ヨシツネくんに尋ねました。
「ええ。次長は八幡タロー製作所に残り、ホリーホック技研に対抗できる量子コンピュータを完成させてください。僕はここで、データサイエンティストとしての第一歩を踏み出しますから」
　ヨシツネくんが、ヨリトモ社長と反りが合わないことは、以前から社内では周知の事実でした。先月、名誉会長が亡くなられたことにより、弟の才能を恐れた社長派の「御曹司つぶし」は露骨なものがありました。
　ヨシツネくんを守ろうとしたゴシラカワ係長は「知らざあ言って聞かせやしょう」と大見得を切ったものの、ヨリトモ社長の不興を買い、新宿二丁目営業所へあっさり左遷。
　ただし、「スケちゃん」「ゴシラちゃん」と呼び合うマブダチを見つけ、二人で『九九算わっくわくブラザーズ』を結成し、ゲイノー活動に励んでいる、という噂を聞きました。

☞ BOY MEETS GIRL

　そんなこんなで、ベンケイ次長から、ヨシツネくんの新天地を打診された私は、彼にスタートアップの場を提供しようと思い立ち、この趣味の悪い、総大理石作りのホールに連れてきたのでした。
「タカダ先生には、僕個人のために、様々なご尽力をいただきました。ありがとうございました」
　御曹司が、深々と頭を下げる。

いえいえ、ヨシツネくん、礼には及びません。勝負はこれからですよ。
　と、そのとき、
「タカダ先生——っ！」
　大理石ホールの奥から、セーラー服姿の少女が、小走りで駆けてくるのが見えました。私も応じて、こっちこっちと右手を挙げる。
　御曹司とベンケイ次長が、甲高い声のするほうを見て、
「あ、あれ？　あの女子高校生って……」
「『ホリーホック一族の管理会計』に出演していた娘では？」
　二人がそろって口をあんぐりと開け、私のほうを振り返りました。
　彼女は、芸能人やアイドルではありませんよ。DVDの中のバーチャル少女でもありません。等身大の、普通の女子高校生です。
　彼女が、お二人にお話ししていた『お嬢』ですよ。
　一直線で駆けてきた少女が、私たち三人の前で立ち止まる。
「お待ちしておりました。タカダ先生」
　エリカ会長は、私にぺこりとお辞儀をしてすぐさま、詰め襟姿の男子高校生に向き直りました。
「あなたが『御曹司と愉快な仲間たち』に出演していたヨシツネくんね。話はタカダ先生から聞いているわ。初めまして」
　お嬢が御曹司に右手を差し出したとき、後ろに束ねたポニーテールが大きく揺れました。

第37話　このごろ会社で流行るもの

👉 二条河原落書

　いまから700年ほど前、京都の二条河原に「コノゴロ都ニハヤルモノ」という書き出しで始まる連歌が掲げられました。本書の「はじめに」でも触れた『二条河原落書』と呼ばれるものです。

　後醍醐天皇や足利尊氏が東奔西走した動乱期を背景に、二人以上の者が上句と下句を互いに詠みあって、当時の世相や風俗を鮮やかに描き出した傑作です。

　二条河原落書はこのあと「夜討、強盗、ニセ綸旨、召人、早馬、カラ騒ギ」と続きます。第36話までの話を、この落書になぞらえるとどうなるか。「遙かなる管理会計の旅路」の、一つの到達点として、以下でご笑覧いただくことにしましょう。

👉 当世落書

このごろ会社で流行るもの　粉飾　改ざん　インサイダー
本領はなるる合併買収　巨額の減損　隠蔽体質
法令不遵守　似非ガバナンス　堪否の沙汰なき司法取引
西洋かぶれの経営指標　カタカナ英語で煙に巻き　翻訳輸入が花盛り
内部告発・報復人事　学閥・閨閥入り乱れ　下克上する成出者
パワハラ・セクハラ騒げども　我関せずの管理職
偽装請負・雇い止め　滅ぶるものとはいいながら　滅ぶる兆し更になし

老若男女こきまぜて　自撮り動画にＳＮＳ
歩きスマホで就活エントリー　手書きの履歴は珍しや
仮想通貨に群がりて　タワマン華洛に逼満す
高値づかみはなお捨てず　暴落株を捨て置くは　新しからぬ風情なり

第九幕　戦略会計でディスカウント・キャッシュフロー

黄昏どきになりぬれば　浮かれて歩く色好み
健診結果に気色ばみ　禁煙禁酒あしたこそ
ただ品ありし人はみな　ラッシュアワーに揉まれつつ
コンビニおにぎり比べつつ　軽き財布に嘆息す
あゝ嘆かわし　なげかわし　ネットで呟かぬ人ぞなき

定時退社に強制消灯　今夜も自宅でサービス残業
上から目線のエリート部門　人工知能に駆逐され　なめんだらにぞ今はなる
朝に陰口　夕べにゴマすり　右顧に左眄の佞臣は
させる実績なけれども　過分の昇進するもあり
御代に生まれて様々の　事を見聞くぞ不思議なる
会計わらべの口ずさみ　十分の一をもらすなり

索引

IFRS基準 ………………………… 36
アウトソーシング………………… 115
EBITDA ……………… 38, 96, 123, 220
逸失利益 …………………………… 68
一般的な目安 ……………………… 75
イニシャルコスト ……………… 231
インサイダー情報 ………………… 83
インセンティブ …… 52, 73, 99, 133, 193, 243
得べかりし利益 …………………… 68
売上原価 …………………………… 31
売上高 ……………………………… 31
売上高営業利益率 ………………… 39
売上高当期純利益率 ……………… 38
売上高の増減率 ………………… 143
売上高付加価値率 ……………… 132
売上高利益率 ……………… 44, 160
売上値引き ……………………… 152
売掛金 …………………………… 219
営業権 …………………………… 120
営業マン潰し …………………… 155
営業利益 ……………… 31, 39, 186
営業利益の増減率 ……………… 143
営業利益の弾力係数 …………… 143
営利 ………………………………… 53
NPV ……………………………… 245
M&A ………………… 23, 55, 238
MM理論 ………………………… 209
お得感 …………… 52, 53, 67, 99, 163, 243
GAAP …………………………… 36
GAFA …………………… 48, 146, 160
会計不正 …………………………… 89
外国為替証拠金取引：FX ……… 82
外製品 …………………………… 228

外部購入費用 …………………… 121
価格基準 …………………… 104, 107
学際的研究 ………………………… 70
隠れ固定費 ……………………… 159
加算方式 ………………………… 120
貸方 ………………………………… 30
加重平均資本コスト率 ………… 202
過剰生産力 ……………… 131, 193
寡占理論 …………………………… 70
株主 ………………………………… 29
借方 ………………………………… 30
元金均等返済 ……………………… 57
勘定科目法 ……………… 88, 121
管理会計 ………………… 25, 37, 86
管理会計用の損益計算書 ………… 89
元利均等返済 ……………………… 57
元利合計 ………………… 57, 239
機会損失 ……… 52, 68, 72, 194, 231
機会費用 …………… 52, 67, 72, 243
企業価値 ………………………… 209
季節変動 ………………………… 182
規模の経済 ……………………… 177
規模の不経済 …………………… 179
キャッシュ・アウト・フロー … 217
キャッシュ・イン・フロー …… 217
キャッシュフロー ……………… 216
キャッシュフロー計算書 ……… 216
供給曲線 ………………………… 189
業績予想 …………………………… 95
金庫株 ……………………………… 59
金融資本 …………………………… 29
金融費用 ………………… 31, 59
経営資源 ………………… 45, 54

索引 i

経済学上の損益分岐点	153	財務レバレッジ	40, 45, 79
決算短信	74, 95	差額収支分析	222
限界収入	171	差額FCF	223, 234
限界収入MR	168	産業資本	29
限界費用MC	168	CVP分析	93
限界利益	90, 94, 100, 122, 167	時価総額	209, 238
限界利益率	104, 109	事業継続計画	87
減価償却	217	事業の再構築	22
減価償却費	218	自己株式	59
減産効果	179	自己金融機能	220
原始貸借対照表	26	自己資本	40, 202, 212
減収減益	157	自己資本コスト	202
減収増益	157, 172	自己資本コスト率	202
現状維持案	54, 225	自己資本比率	40, 79
減損	23	自己資本利益率	44, 75, 77, 185, 208
工業デザイン	128	市場占有率	46
控除方式	120	自製品	228
厚利少売	47, 128	実効税率	200
国際会計基準	36	実際の実効税率	200
固定残業制	139	自転車操業	212
固定人件費型	134	支払利息率	202, 211
固定費	87, 99	資本金	26, 28, 203
固定費型ビジネス	112, 157	資本コスト	202
固定費のかたまり	113, 159	収益	222
固定費の変動費化	115, 118	収益上限点	172
固変分解	87	収穫逓減	152
コングロマリット・ディスカウント	245	収支	222
コンツェルン	29	需要曲線	191
最高益	173	純資産	28, 29
最終利益	31, 244	純資産比率	40
最大益	173	正味キャッシュフロー	217
最適資本構成	210	正味割引現在価値	244
サイバー型	160	人工知能	126
財務会計	25, 35, 86	真実の時価	238

ステークホルダー	30, 35	第四原理	73, 99, 134, 193
税金等調整前当期純利益	200	多角化ディスカウント	246
税金費用	31, 199	択一問題	52, 54, 58
生産性	104, 130	他人資本	40, 212
製造小売業SPA	48	他人資本コスト	202
制度原価計算	230	他人資本コスト率	202
製品差別化	73	他人資本比率	40
制約条件	54, 107, 207	短期均衡	73
節税効果	201, 211	タンス預金	59, 185
接線の傾き	152, 171, 189	単利計算	239
戦術会計	222	単利計算構造	185
選択と集中	54	中間財	121
戦略会計	243	超過利潤	71
操業度不足	131, 193	長期均衡	73
総コスト	31	月平均売上高	44
増資	202	DEレシオ	41
総資本	30, 39, 44	丁勘定	29
総資本回転期間	45	ディスカウント・キャッシュフロー法	238
総資本回転率	45, 160	ディスクロージャー制度	35, 74, 130
総資本利益率	43, 77, 186	データサイエンティスト	163, 247
増収減益	157	デュポン方式	43, 78
増収増益	157	当期純利益	31, 38, 185
損益計算書	28, 30	動機づけ	52
損益分岐点	93, 112, 135	独占的競争	70
損益分岐点売上高	92, 96, 100	ドミナント戦略	46, 205
損益分岐点図表	93, 121, 151	トレードオフ関係	46, 52, 160
損益分岐点分析	93	内部金融機能	220
損失	31	内部留保	60, 116
損得勘定	32	二番手商法	204
第一原理	53	ニュートロン・ジャック	117, 141
第三原理	62	NOPAT	186, 198
貸借対照表	27	のれん	120
代替案	223	Non-GAAP	38, 89
第二原理	53, 62, 99	ノン・ガープ	124

ハードルレート	208	変動費化の失敗	119
配当金	202	変動費の固定費化	116
配当性向	203	変動費率	91
配当率	202, 211	法定実効税率	199
薄利多売	46, 158	ボトルネック	154
バランスシート	27	保有価値	57
販管費	31	本業の儲け	31
販売奨励金	154	マーケティング戦略	137
販売費及び一般管理費	31	埋没費用	66, 103, 116, 224, 228, 234
PFI	238	無店舗小売業	147, 160
比較可能性の確保	35	命題	151
ビジネス	52	モラルハザード	135
ビジネスモデル	128, 153, 160, 204, 244	モルモット企業	204
費目別精査法	88	有価証券報告書	74
百分率基準	104	余剰生産能力	226
費用	31	四大原理	52, 73
費用逓増	153, 171	ランニングコスト	231
フィジカル型	160, 195	リーガルテック・サービス	127
フィデューシャリ・デューティ	37	リース	56
風説の流布	83	リーマン・ショック	183
付加価値	120, 128, 230	利益なき繁忙	172, 194
複利計算	240	利害関係者	30
負債	29	利潤	71
負債過多	212	利潤最大化条件	170, 172, 192
負債比率	39	リストラクチャリング	23
フリーキャッシュフロー	223	利用価値	57, 218
ふるさと納税	199	量産効果	176
分割可能な固定費	114, 144	量産効果の底	179, 191
分割不可能な固定費	114	レント	71
平均費用	177, 191	ローン	56
平均費用曲線	179	WACC	203
変動人件費型	134	割引計算	241
変動費	87, 99	割引現在価値	243, 244
変動費型ビジネス	112, 157		

索引 iv

【著者紹介】
高田直芳（たかだ　なおよし）
税理士　公認会計士　株式会社CPA FACTORY代表取締役。
2009年から2013年まで公認会計士試験委員。
主な著書に次のものがある。
『[決定版]ほんとうにわかる管理会計＆戦略会計』（PHPエディターズ・グループ）、『[決定版]ほんとうにわかる財務諸表』（PHP研究所）、『高田直芳の実践会計講座　原価計算』『高田直芳の実践会計講座「経営分析」入門』『会計＆ファイナンスのための数学入門』（以上、日本実業出版社）、『[決定版]新・ほんとうにわかる経営分析』（ダイヤモンド社）、『よくわかる管理会計入門』（日本経済新聞社eラーニング）。

イラスト……………まゆり会長
DTP…………………宇田川由美子
ブックデザイン………As制作室　トヨハラフミオ

[決定版]はじめての管理会計＆戦略会計

2019年10月8日　第1版第1刷発行

著　者　高田直芳
発行者　清水卓智
発行所　株式会社PHPエディターズ・グループ
　　　　〒135-0061　江東区豊洲5-6-52
　　　　TEL03-6204-2931
　　　　http://www.peg.co.jp/
発売元　株式会社PHP研究所
　　　　東京本部　〒135-8137　江東区豊洲5-6-52
　　　　普及部　　TEL03-3520-9630
　　　　京都本部　〒601-8411　京都市南区西九条北ノ内町11
PHP INTERFACE　https://www.php.co.jp/
印刷所
製本所　凸版印刷株式会社

© Naoyoshi Takada 2019 Printed in Japan
ISBN978-4-569-84385-8
※本書の無断複製（コピー・スキャン・デジタル化等）は著作権法で認められた場合を除き、禁じられています。また、本書を代行業者等に依頼してスキャンやデジタル化することは、いかなる場合でも認められておりません。
※落丁・乱丁本の場合は弊社制作管理部（TEL03-3520-9626）へご連絡下さい。送料弊社負担にてお取り替えいたします。